数字化转型方法论

郭斌 王真 谭子雁 ◎著

The Methodology of
Digital Transformation

机械工业出版社
CHINA MACHINE PRESS

图书在版编目（CIP）数据

数字化转型方法论 / 郭斌，王真，谭子雁著 . -- 北京：
机械工业出版社，2025. 1. -- ISBN 978-7-111-76889-0

Ⅰ . F272.7

中国国家版本馆 CIP 数据核字第 202405XE35 号

机械工业出版社（北京市百万庄大街 22 号　邮政编码 100037）
策划编辑：吴亚军　　　　　　　　　　　责任编辑：吴亚军　章承林
责任校对：孙明慧　杨　霞　景　飞　　　责任印制：常天培
北京机工印刷厂有限公司印刷
2025 年 1 月第 1 版第 1 次印刷
170mm×230mm・12.75 印张・161 千字
标准书号：ISBN 978-7-111-76889-0
定价：79.00 元

电话服务　　　　　　　　　网络服务
客服电话：010-88361066　　机　工　官　网：www.cmpbook.com
　　　　　010-88379833　　机　工　官　博：weibo.com/cmp1952
　　　　　010-68326294　　金　书　网：www.golden-book.com
封底无防伪标均为盗版　　机工教育服务网：www.cmpedu.com

（一）

在我看来，每一本书都可以视为作者与读者进行对话的载体。因此，写作的过程就成为作者向他们心目当中的读者展现他们的思考的过程，因而，搞清楚"谁是我们心目当中最为适合的读者"，一定会成为写作的一个重要起点。我最初在构思这本书的时候，想到了"数字化管理架构师"。

那么，"数字化管理架构师"是一个什么样的角色？毫无疑问，这是目前还不太主流的提法，我在这里想对此予以阐述，而且这也是本书很重要的一个思考出发点。

事实上，人们第一眼看到"数字化转型"（digital transformation）这个词，就会自然而然地想到数字化及数字技术在这当中可能起到的重要作用，即使我们可能并不完全确定数字化转型究竟具有怎样的确切含义。在我过去的研究与观察中，发现那些在企业数字化转型上具有关键地位的高层管理者在谈论数字化转型时，大部分的注意力都放在信息技术或信息系统的技术面，他们首先关注的是如何选择"更好的"数字技术系统和工具，同时，他们也担心数字化转型可能需要在这些数字化系统和工具上进行过大的投入。

然而，数字化转型所需要思考的并不仅仅是数字技术这一面，它更像是一个"综合性的全局游戏"。我们可以把数字化转型理解为这样一种过程，它是由战略牵引的，以客户为中心、以增长为目标的，向以智能、敏捷、精益为基本特征的数字化组织形态转变的，具有全局性的组织变革过程。为了有效地制定数字化转型的规划、成功地推动数字化转型并最终达成预期的转型目标，企业需要把业务运营、组织管理、数字技术这三者较为完美地融合在一起，需要将数据集成、系统整合和流程优化作为数字化转型成功的基础，这涉及组织在思维方式乃至文化与价值观方面的转变，以至于《哈佛商业评论》在"The AI-Powered Organization"这一辑中给出了这样的评论："在打造 AI 赋能的组织当中，技术并非最大的挑战，文化才是。"更为公允地讲，在进行数字化转型、打造数字化企业的过程中，一些情况下，技术确实会构成最大的挑战；不过在更多的情境下，技术并不是唯一关键的挑战。

在我看来，企业数字化转型要想成功，需要两种角色的存在——数字化技术架构师和数字化管理架构师。数字化技术架构师需要具有非常扎实的数字技术专业技能，对数字化系统的技术架构有全面的理解，并且能够通过架构设计将企业内部的信息系统与数据进行有效集成，为数字化系统的可拓展性提供一个长期的基础；而数字化管理架构师则要从业务运营与组织管理的角度出发，思考数字化系统如何与战略、业务和组织产生关联，并支撑公司战略目标的实现、为客户（或用户）创造价值、构建企业可持续的竞争力。这两种角色所需要的技能基础存在着差异，并且他们之间存在着显著的互补性[⊖]，这两种角色的充分发挥以及良好互补对于数字化转型成功具有举足轻重的作用。

毫无疑问，数字化技术架构师与数字化管理架构师可以是同一个人。不过从现实情况来看，能够同时胜任这两种角色的人才是不多的，远远满足不了企业数字化转型的巨大需求。这是因为同时胜任两种角色需要对数字技术、业务运营、组织管理都具备较为深入的理解，并且能够在此基础上构建企业数字化转型的完整方法论，这通常是巨大的挑战。

因而，我们需要大量的数字化管理架构师。这就是本书产生的初衷。

（二）

与此同时，我们知道，不同的企业由于组织规模不同带来的管理复杂性差异、由于行业差异带来的业务属性不同，以及由于自身的资源与能力基础不同带来的数字化系统需求差别，使它们在数字化转型过程中所采取的策略与实施路径都存在着显著的差异性。

在本书中，我们基于的企业画像是那些组织规模中等、非数字化原生，并且在业务流程上具有一定综合性（例如涉及研发、生产、销售等多个环节）的企业，典型的如制造业企业和高科技企业。这并非因为本书中所讨论的数字化转型方法论与管理原则不适合于这个企业画像之外的那些企业，而是因为：对于那些规模较大的企业，它们拥有较为充裕

⊖ 数字化技术架构师与数字化管理架构师之间的关系，从某种意义上而言，就如同产品经理与项目经理之间的关系，他们共同完成了价值创造与价值变现的过程。

的资源，可以投入到数字化转型中，它们在数字化系统和专业的第三方服务商方面有较大的选择余地，甚至在企业内部有专门的信息技术部门或数字化部门来实施数字化转型，企业本身也在数字化转型方面建立了自身的方法论并积累了较为丰富的经验；对于那些规模较小的企业或业务流程较窄的企业，它们的数字化转型往往聚焦在"点"上而不是在"面"或"系统"上。即便如此，对于这两类企业，对于那些正在或即将承担数字化管理架构师角色的人，本书所讨论的问题以及给出的框架，依然具有较高的适用性与可用性。

（三）

在当今这个数字化时代，数字化浪潮正在逐渐改变每一个行业，没有哪个企业会否定数字化系统的价值或否定数字化转型的必要性。我们经常说，数字化转型对于企业而言已经从以前的一道选择题变成了今天的一道必答题。不过，非常有趣的是，企业的高层管理者们对于数字化转型普遍带有一种矛盾的心理。一方面，他们认可数字化转型的必要性，相信或期望数字化能够为企业带来好的结果；但另一方面，他们在踏上数字化转型旅程之前有着诸多担忧，不知道如何规划企业的数字化转型，担心由于经验的缺乏而无法很好地驾驭数字化转型过程，也担心在数字化上投入的资源、资金和时间不能带来合理的投资回报。为此，他们通常会向那些标杆企业学习，学习它们在数字化转型上的最佳实践，但很多时候这样的做法也没能完全解决他们的担忧。

这是因为那些来自标杆企业的具体实践在表现形式上是具有多样性的。每家企业具体的数字化转型实施方案、策略与做法都可能因为自身的战略、业务、组织的特点而与其他企业有所不同，单纯的模仿或照搬很可能达不到预期的效果。更为重要的是，正如我们在这之前所强调的，数字化转型是一个"综合性的全局游戏"，要理解与驾驭数字化转型过程，我们需要一个系统性的方法论框架，帮助我们把数字化转型所涉及的那些要素、内容和过程变成一个有机的整体。这样才能避免碎片化思考和碎片化学习给我们带来的困惑。

为此，我们在本书中给出了一个由7个步骤构成的企业数字化转型实践方法论框架，我们的管理原则、方法与工具都嵌入在这个框架下的7个实施步骤当中。对于数字化转型的规划者、推动者、实践者而言，他们需要的并不仅仅是抽象的理论性探讨，他们更需要一个可实施的、包含步骤与工具的系统性框架。本书的第1章～第3章对数字化背景、数字化的底层逻辑和企业数字化转型的本质进行探讨，目的是给后续企业数字化转型方法论框架的提出提供思想上的基础。在此基础上，我们在本书第4章～第10章，将数字化转型框架拆解为"战略驱动的数字化""数字化转型的目标设定""数字化转型的体系设计""内部数字化系统：数据与系统集成的魔术师""外部数字化系统——穿梭于产业链的跨边界舞者""希冀与惯性的博弈——数字化转型中的变革""数字化转型的持续改进"这样的7个步骤。这7个步骤之间不论是在逻辑上还是在实施上都存在着内在关联。最后，我们在第11章中对数字化转型的启动时机、如何更好地进行最佳实践学习，以及转型成功的关键因素进行了探讨。

（四）

在进行本书的写作时，我先拟写了一份写作提纲，确定本书的章节目录和各个章节的写作要点。这就如同建造一座楼宇需要先有一份设计图纸。我一直把这种写作方式视为让全书保持逻辑上的一致性所需要的必要基础，尤其是对于此类非常强调内容的结构性、系统性的书稿写作。写作提纲大致有 18 000 字。我花了一些时间与我写作本书时的合作者——王真、谭子雁，讲解了我的整体构思以及各个章节要点背后的意图和思考。

本书由我负责前言、第 1 章～第 4 章、第 7 章的前 4 节、第 9 章和第 11 章的撰写；王真撰写了第 6 章、第 7 章的后 2 节和第 8 章；谭子雁撰写了第 5 章和第 10 章。最后，由我对这些章节进行了文稿上的修订和统稿。在此基础上，我们又分头对书稿进行了通篇核对，并各自在必要的地方做了少量的文字修订和补充，主要补充了一些小案例。

在此，我们要特别感谢吴亚军编辑在本书出版过程中的大力支持。此外，我们也感谢国家自然科学基金（项目批准号 72072158）的支持，正是这个研究项目触发了本书写作的最初想法，并且在项目进展过程中使我们有丰富的机会去接触和思考企业在数字化领域的实践，以及建立企业数字化转型的系统性思考框架。这本书的出版还需要感谢浙江大学管理学院专著出版计划所给予的支持。

当然，作为本书框架的构思者，书中如有错误或不足之处，依然是我的责任。如果读者愿意对本书的内容、观点和逻辑提出改进的意见及建议，我们欢迎之至并在此先表示由衷的谢意。

郭　斌

第 1 章

数字化大浪潮

数字化的加速：偶然与必然

人类历史上发生过很多大趋势，在这些趋势开始的时候，人们往往没有那么清楚地意识到这些趋势已然开启，到了某个时间点之后，这种趋势才被大多数人察觉。数字化大浪潮亦是如此。2019年年末出现的新冠疫情，如同推动变化产生的加速器，或者说是引爆趋势的催化剂，大大加速了中国企业的数字化转型进程。正如《2021年度特别报告：罗兰贝格中国行业趋势报告》中在描述一些年度趋势的时候，将"疫情加速企业数字化变革"排在第一位，提到"新冠疫情促使企业被动加速数字化变革的步伐""企业对于数字化变革的投入也将进一步加大"。

事实上，我们今天所看到的数字化变革并不是现在才发生的。在20世纪90年代互联网浪潮来到的时候，人们就意识到数字化的大趋势已经隐现。新冠疫情是偶然发生的事件，它起到的作用是把居于必然性的数字化趋势变得更为明显，并在一定程度上加速了这种趋势的扩展与呈现。时至今日，不论是在广度上还是深度上，数字化都已经产生了非常明显的变化。就此而言，我们已经进入了一个真正的数字化时代。

我们的生活方式和工作方式已经大量地渗透了数字化应用。数字化对我们的生活和工作带来的影响，可以从很多具体的方面来加以描述。不过，有一个非常简单的视角可以看到这种影响，那就是看我们每天有多少时间被数字化产品或工具伴随。要知道，我们每个人每天都只有24个小时，这 24 个小时当中除去我们睡眠的这部分时间，剩余的时间我们将需要以某种方式来进行配置。作为我们拥有的"重要资源"，它被什么样的事物占据，就毫无疑问地说明了这个事物对于我们的重要性。如果我们仔细去观察我们每个人每天的时间分配，就可以很清楚地看到数字化生存所占据的比例在不断上升。我们也可以用一个典型的例子来说明这种趋势。我们知道，手机最初作为一种移动通信工具，是为解决移动状态过程中的语音通信而产生的，这也是它当初被称为移动电话的原因。不过到了今天，手机已经不仅仅是一个通信的工具，事实上，它已经渗透我们每天的生活与工作场景中——我们使用手机来进行支付（在一些城市，人们甚至已经不再如同以往那样随身携带钱包），我们使用手机来利用一天当中的很多碎片化的时间（例如刷微信、抖音或者是听歌），我们也在工作场景中使用手机作为生产工具，以至于当手机不在身边时，我们甚至可能产生明显的不适应感或焦虑感。

就数字化对于企业的影响而言，新冠疫情至少从两个方面为数字化力量的展现提供了观察的窗口。首先，疫情的冲击使得企业很多的运营活动，尤其是那些传统意义上非常依赖于人们面对面的沟通和协作的活动，不得不采取数字化的方式来替代。从某种意义上说，在此情形下，数字化甚至成为使企业保持运转所必须采用的基础方式。其次，在面对外部冲击时，数字化在增强企业韧性上发挥了重要的积极作用。国家工业信息安全发展研究中心与埃森哲（中国）有限公司合作发布的《2020 中国企业数字转型指数研究》中显示，数字化转型领军企业与其他企业相比，拥有更快的产能恢复速度、更强的增长信心和更高的盈利能力（见图 1-1）。

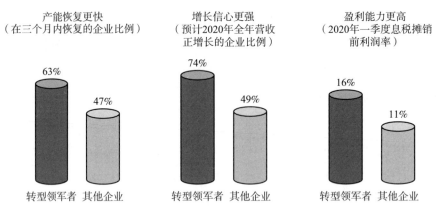

图1-1　《2020中国企业数字转型指数研究》报告内容

数字经济的发展

数字化浪潮的到来不仅仅体现在消费者和企业这些微观层面上，在宏观层面也有明显的趋势性表现。最为突出的体现就是数字经济在各国经济发展中发挥的作用日益凸显，数字经济不论是在规模上还是在国内生产总值（GDP）占比上都在不断上升。以中国为例，在2014—2022年之间，数字经济规模从16.2万亿元增长到超过50万亿元，数字经济总体规模仅次于美国，位居世界第二，数字经济规模占GDP比重也由26.1%提升至超过40%（见图1-2）。而在美国、英国、德国这些西方主要发达国家，数字经济规模占GDP比重更高，均超过65%。

我们也可以通过学术界对于"数字经济"的关注来观察数字经济发展所带来的影响。一个显而易见的事实是，学术研究的方向会受到产业实践和现实的影响，那些趋势性的变化会很大程度上吸引研究者们的关注。我们对2000—2022年期间WOS（Web of Science）核心期刊合集数据库和中国知网期刊数据库分别以"Digital Economy"和"数字经济"为关键词进行文献检索，结果表明，自 2016 年开始，人们对于数字经济的关注程度出现了显著上升，这与数字经济的快速发展和数字化企业的快速增长是有密切关联的。国内外数字经济主题文献历年数量变化趋势如图 1-3 所示。

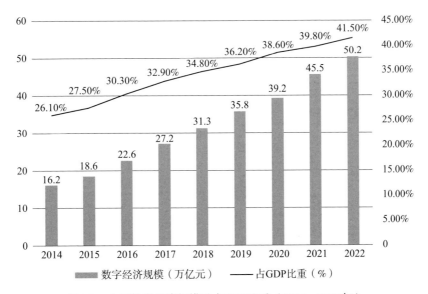

图1-2　中国数字经济规模及占GDP比重（2014—2022年）

数据来源：中国信息通信研究院。

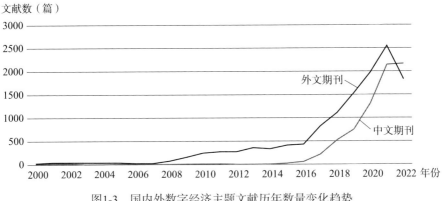

图1-3　国内外数字经济主题文献历年数量变化趋势

在数字经济发展中，人们经常将数字经济划分为"产业数字化"与"数字产业化"两个部分。对于前者，数字技术（尤其是以数字化形式存在的数据资源）更多地以内容的形式出现在产品或服务当中；而对于后者，数字技术在业务运营当中更多地起到支撑、赋能和提升效率的作用。从目前的发展现状来看，产业数字化在数字经济中依然占据着主导地位。2022 年 12 月 7 日中国信息通信研究院（简称"信通院"）发布的《全球数字经济白皮书（2022 年）》显示，2021 年，在所测算的 47 个国家数字经济增加值规模（38.1 万亿美元）中，产业数字化占数字经济比重为 85%；其中，一二三产业数字经济占行业增加值比重分别为 8.6%、24.3% 和 45.3%。而《中国互联网发展报告 2021》显示，中国数字产业化规模为 7.5 万亿元，产业数字化规模则达到 31.7 万亿元。这些数据表明，数字产业化为数字经济发展带来了诸多新兴业态、商业模式与创新机会，不过产业数字化依然是数字化转型中非常重要的领域。

数字化对企业的影响

数字技术的渗透式应用既为企业带来了诸多增长与创新的机会，也给企业带来了诸多挑战。如今数字化对企业产生的影响不论是范围还是深度上都是前所未有的。为了更为深入地理解这种影响及由此催生的变化，我们需要思考数字化为企业业务运营与组织管理带来的底层变化，而这种底层的变化我们常常用一个词来进行描述——"赋能"。那么，数字技术是如何对企业业务运营与组织管理进行赋能的？我们可以从如下方面进行讨论。

帮助企业捕捉或创生更多的增长机会

数字化转型本身并不是企业追求的目标，数字技术是一种工具或手段，最终目的是帮助企业获得持续增长。这可以通过如下机制来实现。

（1）帮助企业捕捉长尾需求。在数字经济时代，市场需求具有更高程度的多样性和变化性。这一方面是由于信息的多样性和丰富性启发了人们的个性化意识，另一方面是因为供给方借助于数字技术有了满足这种需求的能力，进而正反馈式地推升这种需求的多样性和可变性。人们也常常把这种离散性或多样性的需求称为"长尾需求"，它源自美国《连线》杂志主编克里斯·安德森（Chris Anderson）在2004年提出的一个概念，用以描述需求存在的幂律分布或无标度现象——少数个体对应较高的需求属性数值（通常是需求数量），而那些对应较低需求属性数值的个体在数量上占总体的绝大多数。亚马逊最早的机会就来自互联网赋能所抓住的图书和唱片的长尾需求。此外，由于需求日益出现离散化趋势，工业时代以标准化、大批量需求为核心的生产方式越来越难以满足这类需求。

（2）帮助企业更好地满足"被排斥的需求"。许多产品对用户存在能力门槛的要求，而最为常见的是两类能力门槛：支付能力门槛、使用技能门槛。支付能力门槛反映在产品的价格上，在一些情况下也包括产品的使用成本。而产品的使用技能门槛是一个相对隐性的限制，例如汽车有对驾驶能力的要求。数字技术的运用可以大大降低需求端所面临的门槛限制，如数码相机对拍摄技能的要求远远低于原有的光学相机。

（3）数字技术催生了大量的商业模式创新，而这些商业模式创新则为那些创新者带来了打破行业中原有领先者优势壁垒的力量，进而获得快速的战略性增长机会。这事实上也解释了为什么在过去20年里全球市值最大的公司榜单或全球独角兽公司榜单中大量涌现的公司都来自与数字技术应用密切相关的领域。

（4）随着数字技术所提供的连接能力（对网络节点和资源的连接）的不断上升，企业在价值创造和价值提供上越来越多地嵌入并依赖于其背后的商业生态系统。这也意味着如果把所有的参与者看作一个整体的话，生态系统可以创造一些价值增量，这些价值增量依靠单个参与者是无法实现的。

帮助企业获得更多的基于效率和灵活性的竞争优势

数字技术可以支撑更高效率和更大规模的个体及组织间的协调，这一方面使得企业在组织内部可以大大降低协调成本，另一方面可以使得价值链与商业生态系统中的组织间的协调成本极大降低。这既是生态系统成为当今商业组织战略思考的重要环节的原因，也是协同效应产生的技术基础。考虑到效率与灵活性在组织设计中一直被视为存在潜在冲突的两个目标，因此在数字化企业出现之前，人们通常认为这两者是难以同时获得的，即平衡这两者的难度非常大，所谓"鱼和熊掌不能兼得"。但数字技术的赋能给了企业兼得"鱼和熊掌"的可能性，从而使得企业的竞争优势获取空间被大大拓展了。

（1）当一个产业的价值链条形成并稳定之后，当中的一些环节可能会成为整个价值创造过程中的瓶颈，并制约价值链条的参与者满足现有需求的能力。数字技术可以帮助企业消除价值链中的瓶颈，进而提升价值创造的效率。如果说消费互联网的进化方向是更好地消除需求与供给之间的不对称问题（也就是更高效率地完成两者的匹配，以及帮助企业更好地挖掘未被满足的需求，如个性定制、按需生产等），产业互联网的进化方向则是不断消除产业价值链中的瓶颈，进而提升产业价值链的效率。产业价值链整体效率的提升取决于如何有效地消除那些制约效率提升的瓶颈，以及提高产业价值链的合作参与者之间的协调性。

（2）提升企业在价值创造和价值提供上的灵活性。这种灵活性与组织间的协调和合作有关。数字技术使得数据透明成为可能，通过降低信息不对称，产业价值链或者商业生态系统中的参与者可以更高效率地调整、协调和整合。

（3）数字技术在激发网络效应上具有天然优势。网络效应与临界规模密切相关，数字技术在连接上的优势可以帮助企业在供给端和需求端更快地触发正反馈效应。

（4）在企业内部将资源和数据资产连接成一个整体，可以被企业进行整合配置和调用，消除传统意义上存在的数据孤岛和资源孤岛，形成即插即用的"资源云"。这为数字经济时代普遍存在的需求多样性和可变性要求的灵活性与传统组织结构以效率为核心的设计之间的冲突提供了潜在的解决方向。就此而言，数字中台的出现就是其中的一种具体呈现。

（5）在企业组织边界之外通常存在大量的外部资源，这些资源分布得较为离散，并且在现有的价值创造过程中被闲置。数字技术可以帮助企业从两个方面来获得特定的竞争优势：通过充分利用来自外部的这些离散资源，可以弥补因内部资源不足导致的需求满足效率问题，这些外部资源的存在也可以提升企业在满足顾客需求上的灵活性要求；数字技术还可以降低对外部资源的要求，换言之，企业可以在数字技术赋能的基础上用技能或边际生产率更低的资源来提供同等质量甚至更高质量水准的服务。

（6）帮助企业提升决策质量。决策质量取决于信息的质量、信息的充分性，以及对信息处理的能力。数字技术可以降低信息获取的成本，提升信息获取的及时性，通过对多重来源的信息进行交叉校验过滤出高质量信息。更为重要的是，数字技术不仅仅可以从硬件和数据技术本身来提升信息处理能力，还可以通过调用社交网络的计算能力（也就是把个体看作社交网络中的节点，把每个个体的大脑对信息的处理看作一种信息的处理或者计算能力）来高效率地处理信息，尤其是那些具有模糊性和非结构化特征的信息。

帮助焦点企业在价值获取上获得更多的议价能力或控制力

数字技术有潜力帮助整个价值链或者生态系统创造更多的价值。不过，对于焦点企业而言，它们关注的不仅仅是创造更多的价值，它们还关心自身能够多大程度上从这些增量价值中获利。数字技术可以改变供应链或网络中个体的议价能力（bargain power）或控制权的分布，这是因为它可以通过赋能改变个体在整个价值系统中的能力状态，或通过改变数据资产的分布影响个体在价值系统中的影响力和控制力。

帮助企业更高效率地满足市场需求

企业所创造和提供的价值，最终是为了满足市场需求。甚至可以说，市场需求是数字技术发挥作用与产生价值的起点。

（1）数字技术为企业更好地洞察市场需求及其动态变化提供了基础。这一方面是由于顾客行为可以被大量数据较为精准地刻画，另一方面是因为企业可以有更大的可能性覆盖整体客户群体的行为特征。与此同时，实时数据的大量存在及计算能力的提升，使得数据背后意义的解读可以更灵敏地反映顾客行为的变化趋势。

（2）与传统的以厂商为创新主体、用户作为被动的创新接收者和测试者的模式不同，数字经济下的用户可以更为主动地、更大范围地、更深程度地参与到创新与价值创造过程中。这意味着创新的效率可以被大大提升，并且也可以在很大程度上降低创新与市场需求之间出现冲突的可能性。

（3）用户的价值体验可以被极大地提升。用户的价值体验实际上可以分解为三个部分：内含在产品功能设计中的价值；用户在获得产品的过程中获得的体验价值；用户从产品的使用中获得的感知价值。毫无疑问，数字技术可以大大提升后两者。尤其是在互联网时代，我们每个人都被嵌入基于互联的社交网络当中，不论是我们获得的信息、我们的偏好形成，还是我们所做的选择，都在很大程度上受到社交网络中他人所做选择的影响。在一些情形下，我们甚至会直接在产品上赋予源自社交网络的某种价值判断，例如我们会认为某种颜色的手机外壳代表着更有社会身份的意义，某些产品的消费行为代表着品味和对品质生活的追求。由于竞争和模仿行为的大量出现，通过产品的内含价值来寻求差异化的有效性会越来越多地让位于提升用户在获得和使用产品中所获得的感知价值。

跳出现象看待数字化转型的本质

每当一个新生事物或现象刚出现的时候，人们由于缺乏对它的整体认知，会倾向于从不同的角度或侧面对这样的事物或现象进行描述与分析。尽管这种观察方式可以给我们带来关于现象的有益认知，但也不可避免地会导致一些碎片化的理解，以及认知上某种程度的模糊性。我们可以用苏东坡的诗句"横看成岭侧成峰"来形象地描述这种认知模糊性。

目前，数字化转型不论是在学术领域还是在产业实践领域都存在着众多的定义，这些定义在使用的词汇、关注的角度、对性质的描述等各个方面都存在多样性。我们在表 1-1 中列出了几个产业实践者对于数字化转型的理解。

表1-1　数字化转型的定义举例

数字化转型的定义	来源
数字化转型是指对创新和敏捷的业务及运营模式的不懈追求，依托于不断发展的技术、流程、分析方法和人才能力，为客户、员工和利益相关方创造新的价值与体验	Altimeter发布的《2018—2019数字化转型报告》，作者为Altimeter公司首席分析师Brian Solis
数字化转型是为了创造新的用户体验、商业模式和价值的正式性努力。它是一个持续和重复性的过程	SAP于2016年发布的《设计思维与数字化转型》
数字化转型代表了这样一种商业机会，即像数字化企业那样思考和运作——与用户互动，赋能员工，优化运营，以及转型它们的产品。这种转型需要新的思维方式	微软2016年发布的《数字化转型：通往成功的七个步骤》

　　尤其需要指出的是，在对数字化转型的界定上，一个显而易见的趋势就是人们试图将越来越多的东西和概念纳入其中。这与数字化转型现象的两个属性有关——一是数字化所带来的业务与组织影响是非常多元的，二是数字化转型的成功需要多个方面的因素共同作用，但也会由此带来产业实践者的诸多困惑。本书的最初写作动机也源于此，在过去的十年里，我们发现企业对数字化具有较高的期望，在潜意识里假设数字化转型是一个非常具有正面价值的绩效提升工具，但与此同时，企业对于数字化转型怀有诸多顾虑，不知道如何开启数字化转型旅程。这样的企业就像打算将舰船驶入新世界的船长，既满怀希望，又忧心忡忡，甚至觉得只能将自己的命运交付给无法揣测的大海。

　　为了更好地完成数字化转型之旅，不少企业采取了一种以往在产品和管理实践上较为有效的学习策略——向那些数字化转型较为成功的企业学习它们的最佳实践。为此，不少企业家参访和学习很多家企业的数字化转型案例经验，并且尝试着将这些学习到的经验运用到自身的数字化转型实践里。然而，这种以往行之有效的学习策略，似乎在很多时候并未呈现出预期的效果，不少企业依然在自身的数字化转型过程中感到迷茫。

这在很大程度上是因为企业数字化转型具有较高的企业特定性，与企业自身的基础能力、业务性质与现状甚至是企业文化有着深度的关联，因此，来自外部的最佳实践做法并不一定能够简单地进行复制。另外，数字化转型通常是一个在时间上具有较大跨度的过程，它不仅仅取决于数字化转型的方向与方案的合理性，还高度依赖于数字化转型的实施过程。而毫无疑问的是，这样的一个过程常常会引发组织较大程度与范围的变革，企业需要具有良好的变革策略与驾驭能力。就此而言，如果单纯地将数字化转型视为数字技术的引入和运用，或者仅仅从技术属性来思考数字化转型，注定很难真正地理解数字化转型的本质并获得数字化转型的成功。

我们需要跳出现象看待数字化转型的本质。虽然数字化是数字化转型中的重要组成部分，但它并非数字化转型的起点，也并非数字化转型的目的。我们经常说，在管理工作中需要很好地区分手段或途径（means）与目的（ends）之间的差别，手段是实现目的所需要的，但它并不必然定义了目的本身。对于数字化转型而言，首要的任务是确定数字化转型的目的，而这就需要采取"以终为始"的思考方式，在数字化转型之初就确定：我们的数字化转型想要把目前的组织转变成一种怎样的组织形态？我们的数字化转型是为了实现什么目的（从战略到战术目标）？我们将在第 3 章对此问题进行更为深入的探讨和阐释。

与此同时，以系统性的思考方式来理解和定义数字化转型的技术架构与管理架构，也是成功的数字化转型的必要前提。如前所述，数字化转型涉及大量的战略、业务、组织、数字技术等方面的因素，也涉及这些因素之间的较为复杂的关系。如果没有一个系统性的架构来帮助我们厘清数字化转型的过程以及这个过程所涉及要素之间的逻辑关系，我们在数字化转型实践中将会陷入大量的细节当中，并因此失去方向。从我们对数字化实践的观察来看，目前在数字化转型的技术架构方面已经在逐渐形成相对稳定的概念性框架，但是考虑到数字化转型所具有的业务运营、组织管理与数字技术三者之间的交互融合属性，我们需要一个清晰的管理框架来作为对数字化转型技术架构的有力支撑，而这恰恰是目前企业数字化转型实践所缺少的部分，这也是企业在数字化转型实践中面临诸多挑战与困惑的重要原因。本书在第4章～第10章，将给出一个企业数字化转型的7步骤实践方法论框架，从实践视角给出数字化转型的可实施性管理架构，以帮助企业更好地驾驭数字化转型这个战略级的变革过程。

第 2 章

数字化背景效应：底层逻辑

无处不在的数字化

在我们这个时代，不论我们是否意识到这一点，数字化已经无处不在。不论是在各种组织内部的工作场景，还是我们所处的各种生活场景，都渗透性地被数字技术影响。我们作为个体，数字化既是我们使用的基础设施，也是我们生活的一部分。

我们可以从组织与个体两个层面来理解数字化的存在。在组织层面，我们知道，组织本质上是一种制度性装置（institutional device），它可以通过一系列的过程或流程（process）把投入（input）转换成产出（output）。就此而言，数字技术的大量应用使得数据大量增加并成为组织进行业务与管理活动所需要的重要投入要素。虽然数据在以往的时代也是需要的并且是被运用的，但在数字化时代，数据不论是在使用规模上还是在使用深度与效率上，都产生了质的飞跃。在过程这个维度，数字技术已经成为支撑业务与管理流程的重要技术性基础，数据、算法与算力在很大程度上改变了流程的形式与背后的决策方式，数据驱动的决策已经成为一种常态，数据在价值的创造与提供过程中扮演着不可或缺的角色。不仅如此，就产出这个维度而言，有大量的产品本身就以数字产品（digital product）的形式被提供给用户或者消费者，一些产品或服务中嵌入了大量的数字元素或构成。一个典型的例子就是即使对于汽车这样一个传统意义上由机械与动力来定义的产品，如今随着技术的发展，"软件定义汽车"已经被认为是一个必然的趋势。事实上，Netscape（网景公司）联合创始人马克·安德森（Marc Andreessen）在2011年就提出那句被大量引用的话——软件正在吞噬这个世界（Software is eating the world）。并且，类似的说法也在不断出现，例如"互联网正在吞噬媒体""我们正在进入软件定义的世界""数智驱动未来"。

　　从个体层面来看，数字化广泛而有渗透性的存在也使得我们每一个人在这个时代都会产生这样一种感觉，那就是数字化已经成为我们这个世界不可或缺的部分，并且成为我们体验这个世界或生存于这个世界不可缺少的元素。我们可以用三个关键词来描述数字化无处不在的影响——场景、效率工具、用户体验。我们在生活或工作状态下可以处于不同的场景中，例如在生活中我们经常把这些场景划分为衣、食、住、行、教育、医疗、娱乐、社交等。而不论我们处于何种场景，都已经有大量的数字技术被运用于或支撑我们在这些场景下的需求满足过程。这也是我们会感受到数字化的影响无处不在的原因，也是越来越多的企业在产品与服务的设计过程中不再仅仅将注意力放在年龄、收入等人口统计特征上，转而强调运用场景思维来定义需求与产品的重要原因。与此同时，依托于数字技术的那些产品及服务，不论是在工作场景还是在生活场景当中，成为效率工具，极大地提升了我们完成工作任务或生活事项的效率。例如，随着我们生活节奏的加快，在处理不同的事项之间或者在通勤途中，出现了许多碎片化的时间。为此，我们可以利用手机等移动智能设备来看新闻、读小说、刷短视频，或者玩个小游戏，又或是听一些知识类付费服务节目。这大大提升了我们利用时间的效率，也催生了很多新的商业机会和形态。此外，在数字化时代，用户体验（user experience）成为产品开发者与服务提供商非常关注的问题，因为用户具有较高的为良好体验付费的动机，从而为企业带来巨大的商业价值获取机会。在此情况下，数字技术或是直接成为与用户互动的界面；或是成为产品及服务的一部分，从而直接承载用户体验；或是成为用户获取产品、服务或体验的整个流程所需要的技术基础，并在很大程度上影响了良好用户体验的形成。

这是一个建立在连接基础上的世界

我们知道，数字技术为我们带来的影响是多元的。那么在这些影响当中，什么是最为底层的呢？考虑到在数字化时代，从抽象角度而言，人的存在与物的存在由于数字技术的广泛应用都有了更为密切的连接（connection）。所以为了回答上述问题，我们可以首先思考这样一个问题：对于人类社会而言，最为重要的"关系"是什么？

我们可以把"人的连接"划分为两个类别，即"社交网络"与"交易网络"。前者涉及社会交换，从属于人们的社会性需求，例如我们建立的"熟人社交"和"陌生人社交"，通过人与人之间的连接我们可以交换信息和知识，并满足我们的情感性需求；而后者则成为商业世界的基础，人们借助于交易网络（包括线上的与线下的形态）来完成商业交易关系。

连接之所以对人类很重要，有两个最为基本的原因。一方面，我们知道社会作为混合了正式关系与非正式关系的巨大组织，它之所以能够产生远远超出人类个体简单加和的力量，正因为社会中的个体彼此之间存在着关联性，这种关联性有助于信息与知识在群体中的高效率创生、存储与分享。另一方面，我们作为个体而言，不论是在久远的过去还是在遥远的未来，通过人的连接来满足我们的情感性需求与社会性需求，几乎可以把它视为漫长的生物进化刻在我们生物基因中的本能以及悠久的社会进化刻在我们社会基因中的印记。就像英国诗人约翰·多恩（John Donne，1572—1631）所写下的——"没有人是一座孤岛"（No man is an island）。

除了人的连接，物的连接也发生了根本的改变，不论是在连接的程度上还是在连接的量级上都出现了巨大的飞跃。从互联网到移动互联网，再到物联网（Internet of things），越来越多的产品彼此之间都具有了连接能力，甚至基于这种连接形成了分布式的智能。这种趋势在很大程度上是由于技术的发展带来的支撑，芯片的广泛应用以及嵌入式软件的配置赋予了越来越多的产品互联能力与智慧化特征。这也是人们经常说"我们已经进入了万物互联时代"的原因。

更进一步地，连接的泛在性在很大程度上是由持续而显著的连接成本下降带来的。由于连接在技术层面越来越多地涉及数据的传输、数据的存储、数据的处理，因此，带宽成本、存储成本和计算成本就成为人的连接和物的连接背后的关键成本。根据德勤的研究，从 20 世纪 90 年代初至今，带宽、存储、计算的成本有显著的持续下降趋势。[⊖]这事实上也符合电子产品价格变化的基本趋势。在过去三十年里，我们知道在产品级，彩电、笔记本电脑、手机等如今的价格已经不再像早年那样对于大多数中国家庭属于在购买前需要审慎决策的大额耐用品，甚至已经体现出一些快速消费品的特点；在部件级，芯片、硬盘的平均价格，单位性能所对应的价格也出现了明显的下降趋势。

连接对于个体的意义

我们首先可以分析一下连接在量级上的增加对于作为个体的我们所产生的影响。对于我们每一个人而言，不论是在生活中还是在工作中，我们本质上都需要获取大量的信息并在此基础上来进行决策。尤其是从商业视角而言，我们每个人都是消费者，都需要在一生当中做出大量的消费决

⊖ 数据来源：*Transforming Industrial Policy for the Digital Age: Production, Territories and Structural Change*, P42.

策。即使我们做出的所有决策并非都是关于消费的，但无疑的是，我们几乎所有的有意识的社会性行为背后都蕴含着大量的决策。为了做出这些决策，我们需要不断地从外部获取相当数量的信息，对这些信息进行加工和理解，并基于信息分析的结果做出选择。

传统意义上，我们会倾向于认为之所以我们没有做出好的决策或选择，是因为我们受限于有限的信息或者说信息不对称问题。因而如果我们能够获得尽可能多的信息，就有助于我们做出更高质量的决策。互联网技术在 20 世纪 90 年代被广泛应用的时候，人们对它的普遍看法就是它将大大减少信息不对称问题，因为互联网可以帮助我们以较低的成本获得海量的信息。对于当时的人们而言，世界似乎随着互联网时代的到来变得触手可及，人们也因此赋予互联网以一种"自由和分享的精神"。至少在最初的时候，确实如此。

然而，随着时间的推移，人们却发现互联网出现了另外一个在某种意义上未曾预料到的趋向，那就是我们面临了由此产生的信息过载或信息爆炸问题。据统计，现在《纽约时报》一周的信息量比 18 世纪一个人一生所收到的资讯量更大。我们可以知道的是，不论如何，我们的大脑处理信息的能力，在进化速度上无法赶上信息爆炸的速度。为了处理这样的信息，人们的信息处理方式必然要发生显著的变化。例如，Gabielkov 等人的一项关于推特上在线新闻文章的分享链接的研究显示，有超过半数的文章从未被点击或者浏览过。[⊖]另外，The Reuters Institute for the Study of Journalism 调查数据（对数据进行了四舍五入处理）显示，那些号称"阅读"了一篇在线新闻故事的人当中其实只有 51% 的人真的阅读了全文，26% 的人仅仅阅读了部分，其余 22% 的人只是看了看标题或者扫了几行

⊖　GABIELKOV M, RAMACHANDRAN A, CHAINTREAU A, et al. Social clicks: what and who gets read on Twitter? [J]. Performance evaluation review, 2016（1）: 179–192.

字而已。⊖

　　从某种意义上，我们可以把人类的大脑看作一种计算装置（一种生物计算装置），通过对外界的信息进行加工处理，形成我们的认知并进一步转换为与外界环境的互动行为。每一个计算装置都会有计算能力的上限，当它面对的信息处理需要超出其计算能力的时候，它将会如何完成对这些信息的处理？关于这一点，我们可以很容易地从计算机身上找到答案。我们知道，在互联网的世界里，每一台计算机都相当于计算网络中的一个节点或者说一个单元，当其中一个节点计算能力相对不足的时候，它可以通过调用网络中其他节点的计算能力来完成对数据的处理。就此而言，人类的社交网络与其非常类似，我们也处于社交网络当中，社交网络中的那些节点可以被视为我们每个个体在信息处理时可以调用的外部计算能力。

　　你可以设想这样一个场景：当你需要做出一个产品的购买决策时——例如你需要为你的爷爷奶奶购买一个适合老年人使用的手机，但你对于这样一个产品并不太了解，你会如何完成这样一个决策任务？理论上，你完全可以并且有能力花费一些时间和精力来了解这个产品，譬如去互联网上搜索一些相关产品资料及一些用户评论信息，并在此基础上进行信息分析及备选产品的比较分析，但通常你不太愿意在这个问题上花费太多的时间和精力，那么一个最为简单也最为便捷的可行方式就是询问一下你的社交网络中大致了解这个产品的人，他们给出的意见将会在很大程度上决定你的看法和选择。这也就意味着你的社交网络在利用他们的知识、能力或者说计算资源来帮助你做出判断与选择。我之前遇到过的一个真实例子就是，微信朋友圈中有人发布了一个信息——"万（能的朋友）圈，我想买

⊖　KALOGEROPOULOS A, NEWMAN N. "I Saw the News on Facebook": brand attribution when accessing news from distributed environments[R]. Reuters institute for the study of journalism, 2017.

一个老人手机，大家有好的推荐吗？"五分钟之后，这个发出求助的朋友又发布了一条新的回复信息——"我已经下单了。谢谢朋友圈的推荐。"

需要指出的是，在数字化时代，"世界比以往任何一个时代都更平了"。在此，我们有必要提到大名鼎鼎的"六度分隔理论"（six degrees of separation）——平均意义上只需要经由六个人或者更少，我们就可以和世界上任意的某个人建立起联系。注意，这里所指的是任何两个相邻的人之间都必须有较为紧密的直接联系，而非那种间接的泛泛关系，例如我们作为普通人可能会通过屏幕认识一些大明星，但我们不能由此认为我们跟他们之间存在着这样的密切关联，因为这种社会关联仅仅是单向的。据 Facebook 数据团队的分析显示，Facebook 用户之间的人际连接平均距离从 2008 年的 5.28 人次下降到 2011 年的 4.74 人次，在 2016 年进一步下降到 3.57 人次。

这个数据变化趋势充分表明在数字化时代，人们之间的连接紧密程度相对以往时代有了明显的上升，而且这个上升的趋势是发生在我们所处的社交网络规模不断变大的基础上的。这一点我们只要看看我们的手机电话簿的号码数量或者微信的好友数量就可以很容易地理解。对于 20 世纪 90 年代的人们而言，他们的电话簿中存储的电话号码通常并不多，以至于有些时候人们甚至可以不翻看纸质的电话簿就可以记住那些经常联络的社交关系电话号码。而到了今天，我们每个人的微信好友数量都较为庞大，有些在社交网络较为活跃的人甚至由于好友数量超过了上限而不得不使用两个微信号码。这种更大规模、更为密集的社交网络，一方面给这个网络中所有个体更为强大的、可调用的外部计算能力，另一方面也加强了社交网络对于我们在现实世界中做出判断与选择的影响力。从某种意义上说，在我们所处的这个时代，我们对于决策的决定权，正在不断地从我们自身让渡给我们所处的社交网络。如果说在以往时代，我们通常假定每个个体在做出消费选择的时候尽管会受到外部影响，但基本上还是基于自身的需要和偏好，那么在数字化时代，在一些情况下我们甚至需要接受这样一个事实，那就是不论我们是否意识到这一点，社交网络已经成为这个时代最为强大的社会选择决定力量。

连接对于企业的意义

如前所述，人类社会存在着多种互动关系，有两类人类社会的关系是非常核心的——交易关系和社交关系。前者形成了市场体系的核心，而后者则成为人类社会形成的基础。互联网及数字技术的出现使得这两类关系出现了在线化趋势，一个最为直观的变化就是在线交易量占人类社会交易总量的比例在不断上升，以及人们借助数字技术进行沟通和社会交往的场景和时长在不断延展。在 2003 年淘宝刚出现的时候，人们对于网上购物还是心有疑虑的，而到了今天，人们（尤其是在城市中的年轻人）已经非常习惯于利用电子商务平台购买各种商品。而从社交网络来看，当代人们的社交网络规模已经大大超过以往。

在线化的一个必然结果就是数据化，也就是人们在线化的交易关系和社交关系，透过数字技术留下了大量的"信息痕迹"——数据。这也是数字技术存在的天然优势：所有的状态和变化皆会留痕，都可以成为数据。由于这些数据在不断生成，而且在数据形式上存在多样性，如何整合和解读这些数据背后的意义，就成为个体、组织和企业不断增长的挑战，于是智能化就成为一个必然的进化方向。我们知道，那些沉淀下来的数据，如果不能被我们理解（或者说解读出它们的意义）与利用（或者说把数据的意义运用到我们的决策当中），将不会产生出真正的价值。

因此，在数字化时代，"在线化→数据化→智能化"就成为贯穿于时代发展背后的脉络，或者说在整体意义上成为企业数字化必然的进化趋势。这种进化趋势可以被看作"连接"衍化出来的必然结果。

我们也可以从另外一个微观视角对此进行解读。就普遍意义而言，企业内发生的业务与管理活动可以被理解为这样的一个过程：首先，我们需要"感知"我们所处的任务环境；在此基础上，我们要运用所获得的信息与数据来帮助我们进行决策（决策就相当于对数据的处理过程或者说计算过程）；最后，我们在决策的基础上采取行动，而这些行动则相当于我们与任务环境互动的过程，并由此产生我们期望的结果。我们可以来看这样一个例子。据报道，中央储备粮广州直属库有限公司是中央储备粮食仓库之一，占地178亩（1亩=666.6平方米），库区拥有20个仓库，每个仓库1500平方米，粮食堆高6米，储粮超过10万吨。"粮堆中，以5米距离为网格，架设了4层约300个测温点，内外还有两个湿度传感器，通过互联网实时向分公司和集团总部回传数据。"粮食综合平均损耗由以前的1.3%以上降低到0.8%以下。就整个中央储备粮系统而言，覆盖全国980多个仓库、拥有432万个粮情传感器和81 158个监控探头，物联网不仅可以实现在线监测，还能通过人工智能算法确定通风方式和通风时长，并远程进行操控。[⊖]

正如我们在之前讨论的，借助于数字技术，个体、企业或物理设备等都已经处于广泛的连接状态，并且在可预见的未来，这种连接不论是在广度、深度还是量级上都会进一步拓展。在此情形下，连接将构成感知的基础，并为计算提供更为强大的资源和更高的效率，既为互动提供可能性，也通过连接使互动成为一个必然结果。换言之，连接即感知，连接即计算，连接即互动。

⊖ 资料来源："新华社"微信公众号，《这是一条物联网新闻！"穿透式"辟谣"中国粮食危机"》，2020年。

产业互联网的兴起

2018 年，产业互联网的概念引起了人们的大量关注。这当中有一个很大的原因在于中国互联网领域的两家重量级企业——腾讯和阿里巴巴——都从战略级角度表达了对产业互联网发展趋势的关注。比如，马化腾在 2018 年 10 月 31 日发表的公开信中明确提出："移动互联网的上半场已经接近尾声，下半场的序幕正在拉开。而互联网的主战场，正在从消费互联网向产业互联网转移。"

对产业互联网的这种关注，在很大程度上是如下一些背景因素造成的。

（1）随着竞争的加剧以及互联网产业格局的逐渐形成，人们发现消费互联网红利呈现出逐渐减弱的趋势，最典型的表现是不论线上还是线下，获客成本或者流量成本越来越高，甚至在一些情况下线上成本变得比线下成本还要高。这也是为什么我们会看到一些企业（甚至包括那些具有很浓厚的互联网基因的企业）在从线下引流向线上引流转变之后，现在又逐渐地转向线下引流或选择线上与线下融合的方式。

（2）消费互联网的发展给产业互联网的发展既提供了机会，也提出了要求。企业要高效率地满足用户需求，消费互联网的发展和成熟能够通过更好、更高效率的需求捕捉和匹配为消费者带来价值，但也需要产业互联网进行进一步的赋能。例如，美团、饿了么等外卖服务的发展使得 C 端用户享受到了即时获取餐饮的便利性；但是 B 端餐饮企业如何通过整合供应链以更高效率和更低成本来满足 C 端用户需求，也就成为一个重要的问题。这也是美团从 C 端切入 B 端，在 2018 年成立 B2B 供应链事业部的原因。

（3）物联网、AI 及大数据等技术的发展与逐步融合为产业互联网的发展提供了支撑，开启了更多的价值链组合机会和更为丰富的创新方向。

事实上，产业互联网这个概念并不是第一次被提出来。在过去的二十年里，尽管人们对产业互联网的概念并没有达成一个明确而统一的界定，对产业互联网的本质及其影响也缺少一个非常明确的认知，在产业界、咨询业以及研究界已经进行了大量的讨论和探索。总体而言，这些讨论常常将产业互联网与消费互联网进行比较。

（1）技术基础的差异：产业互联网更多基于物联网技术、互联网技术与软件的混合使用（这也导致很多时候对产业互联网的讨论与产业物联网的讨论很难被区分开来 ⊖）；而消费互联网常常更为强调互联网技术的应用。

（2）应用背景的差异：产业互联网更多的是从供给侧角度的效率提升，强调具体的产业应用背景；消费互联网更强调的是在需求侧借助互联网所产生的变化及其影响。

需要指出的是，上述这样的比较固然有助于我们对产业互联网和消费互联网之间的差异进行理解，但也导致了两个潜在的问题。首先，不论消费互联网还是产业互联网，其问题的实质并不仅仅在于技术本身的形态的差异，还在于技术是如何改变了消费者以及产业价值链内的行为特征、价值的产生以及价值的分配的。其次，如前所述，产业互联网的发展在很大程度上受到了消费互联网的拉动效应影响，因此将两者完全割裂或许并不是一个很好的分析方式。马化腾曾经在知乎上提出一个问题："产业互联网和消费互联网融合创新，会带来哪些改变？"要回答这个问题，就要回答产业互联网发展到现在这个阶段，正在和将要呈现的趋势性特征是什么？而这些趋势性的特征，在一些方面恰恰是消费互联网与产业互联网融合发展所带来的变化。

⊖ 有兴趣的读者可以阅读：Timeline: The History of the Industrial Internet of Things（https://www.equities.com/news/timeline-the-history-of-the-industrial-internet-of-things）。

第 3 章

透视企业数字化转型的本质

以终为始

现代管理学之父彼得·德鲁克在描述"战略"的意义时曾这样说道："战略不是研究我们未来要做什么，而是研究我们今天做什么才有未来。"尽管这个论述并非针对数字化转型这个主题，但这种思考方式依然具有适用性。任何一种战略级的行动，我们都不能局限于当下，而是要着眼于未来。数字化转型作为一种组织的战略级变化，对组织具有相当重要的影响，并且这种影响是长期性的。

我们可以把这样的一种思考问题的方式称为"以终为始"，以未来引导现在，以目标（或目的）引导行动。就数字化转型而言，数字化本身并不是目的，换言之，引入信息技术与系统并不是我们的目的，因为手段（或者说工具）是无法完整定义目的本身的。这就如同厨师做菜，他们在制作美味的菜肴的时候当然会使用刀具，但是这些刀具本身并不必然定义菜肴。或许那些厨师会倾向于使用不同器具来制作类似的菜肴。

那么，对于数字化转型而言，以终为始具体意味着什么？我们可以从以下两个方面来思考这个问题的答案。

首先，如果要真正做到以终为始，那么确定"终"（目的或目标）就变得很关键。也就是说，企业在进行数字化转型的时候，首先需要思考的是数字化转型最终是如何与企业的长期战略衔接并支撑企业战略目标的实现的？数字化转型如何破解制约企业发展的限制性因素？如何帮助企业更好地捕捉增长机会？这将成为我们在本书第4章中讨论的重点。

其次，以终为始也意味着数字化转型是一个长期的过程，在此过程中需要有一种长期主义的心态，并驾驭在此过程中必然伴随发生的组织变革过程。而从实施的层面，持续改进（Kaizen，一个日本管理概念）数字化转型的每一个阶段又是一个具有很高可行性与普遍性的策略。因此，如何将持续改进的策略纳入数字化转型的变革管理过程，也就成为数字化转型过程中需要思考的问题。

更为重要的是，"数字化转型"中所强调的"转型"一词，本身就意味着企业从一个状态（状态 A）变为另一个状态（状态 B）。如果说现在的状态（状态 A）就是我们数字化的起点，那么那个终点（状态 B）是什么？由于我们通常说数字化转型的目的就是打造"数字化企业"，也就是说，我们通常用"数字化企业"这个概念来描述数字化转型的终极目标。因此，我们也可以换一个方式来问这个问题：在你看来，一个标准形象的"数字化企业"是什么样子的？在寻求答案的过程中，我们也可以将上述问题转换成：与以往时代的企业相比，数字化时代的"数字化企业"在业务与组织管理上出现了哪些典型的差异化特征？本章接下来的内容将对此展开讨论。我们将这些数字化企业所具有的典型特征以"智能"（smart）、"敏捷"（agile）、"精益"（lean）三个关键词来概括（见图 3-1）。这三个特征之所以成为区别数字化企业与其他企业的关键特征，是因为：

（1）正如赫伯特·A. 西蒙（Herbert A. Simon）所言，管理即决策。决策是企业业务运营与组织管理中最为关键的活动，而数字技术的广泛、渗透性的运用将极大地影响数据与信息的可得性及其在组织内与组织间的分布，进而从根本上改变组织的决策方式，数据驱动的"智能"就成为企业的一个重要特征。

（2）在数字化时代，商业环境的动态性与不确定性变得比以往任何一个时代都更为显著，这也是人们常常把当今的时代称为乌卡时代（VUCA）的原因。[⊖] 在这样一个高度动态的环境里，企业不仅仅需要追求效率，还需要具备较高的灵活性以适应不断变动的外部环境。我们用"敏捷"一词来刻画这种在效率与灵活性之间寻求动态的极致平衡。

（3）在数字化时代，流程将会成为数字化企业的基石（我们会在后面对此进行详细的阐释）。借助于数字化的赋能，企业将有更大的可能和更为强烈的动机去寻求基于流程的价值挖掘、效率提升、成本降低。这是因为在数据驱动下，价值、效率、成本的极致优化有了更强有力的工具和手段。

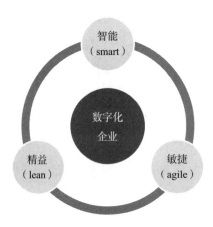

图3-1　数字化企业的基本特征

尤其需要指出的是，在数字化转型过程中，人们常见的一个思考误区就是习惯于把企业以往的一些流程和实践"复刻"到数字化系统当中，思考的重心局限在如何利用数字技术的赋能针对这些复刻流程与实践进行效

⊖　VUCA 是 volatility（易变性）、uncertainty（不确定性）、complexity（复杂性）、ambiguity（模糊性）这四个英文单词首字母的缩写。人们通常以乌卡时代（VUCA）指代我们正处于的充满易变性、不确定性、复杂性和模糊性的世界。

率的提升和成本的降低。这种思考方式无疑会使我们在起点上失去一个重要的机会，那就是借助数字技术，我们可以在已有的流程和实践之外寻找到全新的解决方案，以一种截然不同的方式更好地解决问题或捕捉机会。这就如同你想要建造一个更符合你的需要的建筑，如果你只是在你现有的建筑基础上修修补补或局部改良，它可能永远达不到你心里的预期。你完全可以抛开现有的建筑，去思考有没有全新的设计，能够更高效率、更低成本地建造一个你理想中的建筑。换言之，数字化转型通常会为企业提供一个创造的机会，而不仅仅是一个复刻或简单改进的机会。放弃这个机会才是数字化转型中最大的浪费！

数字化企业基本特征之一：智能（smart）

正如生物物种进化的过程交织着遗传与变异一样，理想的数字化企业作为一种面向未来的组织形态，它的出现与形成也是一个具有时间连续性以及变异的过程。数字化企业所具有的智能、敏捷、精益特征，并非在传统时代完全不存在。每一个时代都会在一定程度上带有前一个时代的某些痕迹。更确切地说，与之前的组织形态相比，数字化企业所具有的典型特征通常指两种情形：一是这些特征是在数字化时代才出现的，在以往时代不曾有过；二是这些特征在以往时代的某些时候出现过，但仅仅是一些少见的个例，而在数字化时代却具有了越来越普遍的趋势。总体而言，后者代表了数字化企业的大多数特征。

数智化时代：数据驱动的决策与混合智能

"智能"意味着数字化企业在业务运营与组织管理决策上呈现了显著

的数据驱动特点。这主要体现在如下两个方面：

（1）为了更好地满足用户需求，企业需要利用物联网、互联网、人工智能与大数据这些数字技术的融合，实时或尽快获得、处理和解读来自用户的需求数据，并以此来引导后继的价值生成和提供过程。

（2）在价值生成与提供过程中，由于产业互联网所具有的生态化融合特点，焦点企业需要与诸多合作者进行协作，这当中存在大量的复杂协调关系。而基于数据驱动的决策，将可以帮助企业更好地进行相关的协调和协同。随着消费端和生产端决策即时性要求的不断提高，离开数据驱动的决策，这些复杂的协调和协同关系将难以顺利实现。

在此情形下，我们可以看到两个必然的趋势。一方面，数据驱动的决策对于企业的底层管理能力——也就是运营全过程的数据化及数据分析能力的要求大大提高了；另一方面，由于企业尤其是中小企业自身的数据分析能力（也就是从数据中解读出决策意义的能力）往往有所不足，那些数据分析能力的外部专业服务提供者将成为重要的生态构成。

在以往的时代，虽然信息技术的应用已经为管理者提供了更为丰富的信息，但总体而言，正如当时的一些管理学者所提到的，"与一百年前的管理者相比，我们今天的管理者似乎在信息获取和管理活动上并没有什么本质的不同"，在决策上对经验和直觉的依赖程度较高。在数字化企业出现之前，这样的判断确实是很有道理的，因为信息技术只是起到了加速器的作用，未能带来质的改变。

在数字化企业当中，管理决策已经从高度依赖于经验和直觉的决策模式转变为混合智能的决策模式。所谓的混合智能的决策模式，就是在企业的业务决策和管理决策当中，有相当数量的决策被内嵌在组织流程中的规则和算法直接做出，或者限定了管理者自由发挥或自行处理的空间（或者说选项集合）。在此情形下，管理者依然需要运用自己的经验和直觉来进行一些决策，因为规则和算法更适合处理那些可以结构化的问题，一些非结构化的问题或者例外的事件仍然需要依赖管理者进行决策。至少在人工智能发展到足够成熟之前情况是如此的。

这也就意味着，管理者需要去适应这种混合智能的决策模式所带来的改变。因为在数字化企业出现之前，企业中已经有一些业务和管理问题可以由设定的组织规则来处理，但是管理者在很大程度上是可以拥有跨越或绕过这些组织规则的权力或能力的。因此，虽然管理者需要与组织规则分享他们对组织的管理控制权力，但这种限制有很大的弹性空间。数字化企业的出现在很大程度上改变了这一点，因为在数字化企业当中，很多规则和算法被嵌入到那些基于软件系统的流程及规则当中，而由于软件系统的非人格化以及内嵌的逻辑一致性要求，使得这些规则被"固化"了，也就是说，如果你不遵循这样的规则，整个业务流程将无法运转下去。因此，对于那些由算法和规则统治的领域，管理者所拥有的决策弹性空间被大大压缩了。

就此而言，数字化企业相对传统意义上的企业能否拥有更大的优势，在很大程度上取决于管理者的个人能力、经验和直觉是否能够很好地与基于算法和规则的组织系统进行融合，发挥各自的优势，形成互补而非对抗的关系。一个需要指出的事实是，在企业向数字化组织转变的初始阶段里，组织系统的算法和规则依然是由管理者来定义的，如果管理者不能以开放的心态去拥抱这种变化，如果管理者不愿意受到潜在的限制，这些算法和规则的初始设定很难承载混合智能决策模式的优势。尤其是在一个复杂的组织系统当中，初始状态的设定对于整个系统的进化有着难以估量的影响。

数智化时代：数据驱动的业务运营与能力需求的变化

我们可以思考这样一个问题，那就是当一家企业在为专业性岗位招聘员工的时候，通常会在招聘需求里提出什么样的能力要求或应聘要求？答案或许有一定的多样性，但通常一些共性的要求是需要应聘者具有较为丰富的业务领域以及行业从业经验（前期业绩）。为什么较为丰富的业务领域或行业从业经验会成为重要的招聘条件？因为背后有一个隐含的假定：要想很好地胜任一份专业性工作，较为丰富的前期经验是产生良好工作绩效的必要前提。

很显然，这样的假定在逻辑上具有合理性，这也解释了为什么这种做法在很长的时间里都是人们习惯遵循的。然而，随着数字化时代的到来，这样的假定有了更大的被打破的可能性，甚至会在很大程度上改变企业的未来。我们在这里可以先来看一个典型的例子。有一家消费类电子产品的企业，它的产品开发团队完全是采取数据驱动的模式来进行产品开发的，也就是通过分析亚马逊等大型电商平台的产品相关数据，来识别当前销售热度正在上升的产品品类，在确定品类后再分析该品类下那些销售量优秀的产品具有的产品属性和价格定位，由此确定自己接下来的产品设计。在完成产品设计后，这些产品将会交给工厂去完善后继的元器件选型以及生产工艺的确定。这个产品开发团队中的大部分成员并没有太多（甚至是没有）这个行业或者这个领域的产品开发经验，也没有太多的与最终用户接触所获得的直观经验，他们擅长的就是数据处理与分析，并且这种数据分析能力可以帮助他们实现跨产品品类的开发。很显然，这样的数据驱动式的产品开发模式在以往是很少见的，甚至会由于数据的可得性问题而不可行。

其实，这样类似的例子在历史上也曾经发生过，这些例子让我们得以窥见数字驱动的决策给商业世界带来的深远影响。第二次世界大战之后，当时的福特汽车迫切需要扭转公司市场份额大幅下滑的局面，小亨利·福特找来了查尔斯·桑顿（Charles Thornton）上校，后者及他引入的其他人都是从美国空军后勤统计管理部门出来的人员，他们后来一起被称为"蓝血十杰"。[○]虽然肩负着扭转福特汽车经营困境的使命，不过他们并没有汽车行业的从业经验和商业企业的管理经验，他们拥有的是在战争中基于数据分析、数学建模来进行军事部署与武器、人员配置的决策分析经验，例如怎样的轰炸机选型具有更高的作战效率、怎样的装弹量（或加油量）可以使飞机具有更高的生存率及作战效率，等等。通过在福特汽车内部发起的一场以数据分析为基础、以市场导向为核心、以强调运营效率和管理控制为特征的管理变革，他们成功地改变了之前福特汽车过于依赖管理者的经验与直觉来进行决策的问题，帮助当时的福特汽车重返辉煌。

我们也可以设想另外一个场景：在管理咨询行业，当为特定行业的企业客户提供管理咨询服务的时候，你是否认为一位优秀的管理咨询师需要在这个行业及其所涉及的专业领域拥有丰富的前期经验？我们对于这个问题的直觉反应通常是"当然需要丰富的经验"。然而，创立于1963年的波士顿咨询公司（BCG），由于创始人布鲁斯·亨德森（Bruce Henderson）在当时独树一帜的理念，在战略管理咨询领域成为打破经验主义的先驱。BCG在创业初期的时候，招聘了许多刚从常青藤大学毕业的学生，他们并没有太多的商业世界的经历与经验，但都受到过良好的基于理论与逻辑的训练，并信奉基于逻辑与数据的思考方式，由此开发了许多对产业影响深远的管理咨询工具和理论。[○]无独有偶，一位知名数学家——詹姆斯·西

○ 这当中还包括了日后曾担任福特公司总裁、肯尼迪政府国防部部长、世界银行总裁的罗伯特·麦克纳马拉（Robert McNamara）。关于蓝血十杰的故事，可以参阅：约翰·伯恩.蓝血十杰：美国现代企业管理之父[M].陈山，真如，译.海口：海南出版社，2014.

○ 沃尔特·基希勒三世.战略简史：引领企业竞争的思想进化论[M].慎思行，译.北京：社会科学文献出版社，2018:45.

蒙斯（James Simons）[⊖]，利用数据和模型的力量成为在量化投资领域具有举足轻重地位的传奇人物。大奖章基金（Medallion Fund）创立于 1988 年 3 月，是美国私募基金公司文艺复兴科技公司的第一只基金产品，便由西蒙斯创立。为了建立这些程序性量化交易模型，文艺复兴科技公司雇用了大量的非金融背景的专业人士，包括数学家、物理学家、社会学家和统计学家。

数智化时代：经验与数据的珠联璧合

当然，我们在强调数字技术赋能带来的一些根本性改变的同时，并不是想说明数字技术将会使得人们在以往实践中积累的经验变得毫无用处。在数字化时代，更为常见的情况是，数字技术在组织中的渗透式应用为组织中的个体充分发挥自身的专长和技能提供了更多的机会。换言之，数字技术成为我们能力的"放大器"，为组织中的每个个体进行高效率的赋能。例如，在医疗领域，现代意义上的医疗已经越来越依赖于精确的诊断。如何高效地从布满密集细胞和组织的超大尺寸图像中找到风险病灶的位置并进行诊断，在过去对于医生而言是一个非常消耗时间和精力的挑战。要知道显微扫描仪所生成的高分辨率图像往往能够达到每个像素 0.25 微米级别，医生们凭借肉眼来完成这项诊断工作是非常繁重的。为此，病理医生会先利用显微镜在低倍镜下进行扫片，然后在高倍镜下确认相关区域，必要时切换不同倍镜进行复核。这个过程非常依赖于医生的经验。借助于人工智能技术的帮助，通过机器学习算法和海量数据的支撑，医生如今可以高效率地完成这项工作了。经过大规模的 AI 阅片和人工阅片的对比实验，已经初步证明 AI 阅片能够显著提升阅片的准确性和效率，医生的平均阅

⊖　作为一位杰出的数学家，西蒙斯在 1974 年 36 岁时与著名数学家陈省身合作提出了"陈 - 西蒙斯定理"（Chern-Simons theory），该定理是微分拓扑学的基础理论，并被运用于物理学领域的弦理论研究。可以参阅：搜狐网，《私立科学帝国的创立者西蒙斯》，2018 年。

片时间可以从 25～30 分钟大幅缩短至半分钟。[○]

　　甚至在篮球这样的竞技领域我们也能看到数据与经验结合所产生的珠联璧合的效果。在 NBA（美国职业篮球联赛）中，金州勇士队无疑是一个经典案例。通常，一支球队要想在 NBA 中获得好成绩，需要在名教练和优秀球员上进行大量投入。来自硅谷的投资人花了 4.5 亿美元在勇士队陷入低谷的时候以较低的价格完成了球队的收购，新任的老板乔·拉格布（Joe Lacob）是知名风险投资机构的合伙人，他非常信奉数据的力量。此外，史蒂夫·科尔虽然在执教勇士前没有担任过 NBA 球队的主教练，但他曾是知名 NBA 球员，球员生涯 5 次获得总冠军。退役后，他曾担任球队经理及解说员，他还是"篮球教父"波波维奇的徒弟和助教。因此，他有着丰富的行业经验，对篮球运动有着极深的理解，他的战术布置有强烈的个人风格。有一些工程师利用大数据来帮助球队制定发展战略和比赛战术，包括围绕球员斯蒂芬·库里（Stephen Curry）等来制定球队的风格和战术。金州勇士队在科尔执教的次年即 2015 年获得了总冠军，并在之后的 7 年间 4 次夺冠。[○]

数字化企业基本特征之二：敏捷（agile）

　　在企业内部发生的业务与管理活动，本质上都会与人和资源的运用有关，换言之，涉及围绕经营目标进行的各人的任务分配及围绕目标和任务进行的资源配置。因此，对于管理者而言，了解资源的状态及其变化，以及任务的状态、过程及其变化，就成为高效率管理的基础。就此而言，数

○ 叶丹.腾讯健康：联手迈瑞医疗助推行业高质量普惠发展 [N].南方日报，2023-10-26（05）.
○ 资料来源："营创商业评论"微信公众号，《勇士队成功的秘密：大数据如何帮它从最烂球队变成 4 年 3 冠的奇迹？》，2019 年。

字技术具有的一个天然优势，即它能够把组织当中"资源与任务的状态、过程、变化"变成可感知、可视化的内容，进而大大提升管理的效率。

我们可以从更大的图景来理解数字化企业这个特征——"敏捷"对组织设计与管理带来的深刻影响。我们知道，在组织设计当中，一直有一个经典的难题或者说悖论困扰着管理实践者，那就是组织所面临的"效率"（efficiency）与"灵活性"（flexibility）之间的潜在冲突。效率是组织竞争力的重要来源，也是组织在业务与管理活动中所追求的目标。通常，效率是建立在规则化的基础之上的，并且很多时候依赖于重复（及其背后暗含的"干中学"）。同时，组织所面对的环境通常处于不断变化的状态当中，因此，组织需要不断地调整和改变自身以适应变化的环境，在此过程中，规则可能会具有一定的刚性从而对组织的调整形成束缚。这也是很多企业从较小的规模不断成长为大企业的过程中，效率和灵活性会随着组织规模的扩张出现动态性变化的原因。虽然我们从逻辑上很容易提出企业可以实现效率与灵活性两者兼得，但从实践角度来看，这种悖论管理的平衡点并不是那么容易找到的，尤其是在数字化时代之前。在数字化时代，数字技术可以同时降低外部的交易成本以及内部的组织成本，可以实时监控资源与任务的状态及其变化，因此在追逐效率的过程中，并不必然需要以牺牲组织灵活性作为代价。透过 2003 年 SARS 期间与 2019 年之后新冠疫情防控措施的变化，我们也可以看到数字化对防控措施的效率与灵活性之间的平衡点所产生的影响。在 SARS 期间，我们还没有以数字技术（如健康码）为核心的社区网格化管理体系作为支撑，因而在防控措施上无法做到管理颗粒度的细化，很多措施是难以具有灵活性的。

另外，数字技术可以帮助任何一家企业更具深度地嵌入到产业价值链或者生态系统当中。这就意味着，企业要么可以作为一个系统整合者（system integrator）在产业价值链或生态系统中扮演协调者、控制者和整合者的角色，要么可以作为即插即用的资源提供者被核心企业整合和调用。不论作为系统整合者还是作为资源提供者，"敏捷性"既是它们的基本特征，也是数字技术赋能的必然结果。在以往时代，实现效率和灵活性兼得对于企业的管理能力有着较高的门槛要求；但在数字化时代，越来越多的企业借助于数字化有了更大的可能性来同时实现这两个目标。

　　"以客户为中心"也成为体现数字化企业"敏捷"属性的重要特征。尽管在传统时代，以客户为中心似乎已经成为人们在谈论企业时的基本常识，体现出企业对于客户所给予的重视，在数字化时代它已经被赋予了一些更为重要的含义。至少在如下两个方面，我们可以看到一些显著的变化。首先，在产业互联网目前的发展阶段，用户或消费者在整个价值链中扮演的角色已经发生了较大的变化。在以往的模式下，用户或消费者更多的是作为产品及服务价值的被动接收者，在厂商给出选择的有限空间里进行选择。随着消费互联网的发展，消费者可以通过聚合来获得更大的议价能力，从而在供给与需求之间的关系上获得更大的影响力并促使价值提供者逐步转向以需求来引导产品、服务的价值设计与提供过程。而互联智能技术使得价值提供者可以更高效率、更低成本地实现这个转变。更进一步地，用户在一些情况下可以直接介入和参与价值生成和创新过程，从而与供给端参与者共同完成价值创造过程。因此，组织与业务流程设计的逻辑越来越多地从"推式"（push mode）转向"拉式"（pull mode），以客户需求来拉动整个企业业务流程的运转与迭代。其次，用户体验成为产品及服务价值设计中日益被关注的环节。这一方面是因为数字技术给予企业越来越多的直接触达用户的机会，另一方面也使得企业有越来越多的数据直接洞察用户需求，从而不再像以往时代那样主要依赖于估计与猜测来管理用户的价值感知与价值形成过程。一些技术手段，例如眼动仪、脑电分析等，可以帮助我们更好地去追踪和分析那些以往隐藏在用户行为甚至知觉背后的内容。如何将价值创造从以产品功能本身为核心转向以产品全生命周期为基础，已经成为企业越来越需要关注的东西。

数字化企业基本特征之三：精益（lean）

组织内发生的所有业务与组织管理活动都存在着逻辑和时间上的顺序关系，价值创造就发生在这样的具有逻辑与时间顺序关系的一系列活动当中。我们可以把这种具有明确的目标并且在逻辑与时间上具有顺序关系的一组活动（activities）称为流程（process）。流程这样的管理概念看起来并不是一个新鲜事物，也不是数字化时代独有的产物，那么，它在数字化企业当中扮演着怎样的角色？

要回答这个问题，我们需要回顾在过去100年的商业进化过程中大公司架构的演化历程。随着杜邦公司和通用汽车这些大型公司的出现，它们逐渐形成了后来被称为"M型"的组织结构（也被称为多部门结构，即 multi-divisional structure）。在 M 型结构中，公司以业务单元（business unit，通常包含一个或若干个产品线）作为管理的单元，资源配置与绩效考核将以业务单元为基础展开，并相应赋予各个业务单元以一定的管理决策自由度。公司总部也会依据职能分工形成管理部门，对业务单元进行管理、控制、监督与支持。虽然 M 型结构并不是大公司唯一的组织结构类型，但它总体上是一种非常普遍的多元业务管理架构，并且可以通过以此为基础的一些变形衍生出不同的公司结构。毫无疑问，由于这样的组织结构是以职能为基础的专业化分工，所以它在纵向或者说职能条线上具有较高的效率，但它也不可避免地存在着一些弊端，尤其是在横向的整合上存在着诸多问题。例如，企业核心竞争力概念的提出者 C. K. Prahalad 和

Gary Hamel 就指出，将企业视为业务单元的组合而不是核心竞争力的组合，会导致创新资源在公司内部被禁锢，从而无法实现有效的共享与协同效应，这也是 20 世纪 90 年代欧美企业在面对来自日本企业的崛起及竞争时在很多领域失去优势地位的关键原因。[○]管理实践者们也用了一些形象的词语来描述这种情形——"部门墙"，部门之间存在着较"厚"的"墙"（隔阂），从而使它们很难被打破，也使部门之间很难形成有效的协调与配合。

　　事实上，这种横向协同的困难随着一些重要的管理理念的出现而日益凸显。一些对企业构建竞争力较为重要的活动，在以往时代通常会被明确地归属于特定的职能或部门，例如质量管理传统上会放在生产部门（或在生产部门内设立下属的品控部门），新产品开发则会放入研发部门。然而，我们今天已经能够很清楚地意识到，质量并不（完全）是生产出来的，从产品设计到原材料的采购，甚至是用户购买后的使用环节，都可能影响到产品质量的表现。类似地，如果要做出一款好的产品，需要从需求的洞察开始，一直到用户获得和使用产品的整个生命周期来优化产品的价值设计，这已经大大超出了传统意义上的研发职能边界。Altimeter 发布的《2021 全球数字化转型现状》也报告了类似的趋势，"营销、销售和服务团队出现了日益融合的趋向，全球大多数企业（54%）都具有相同的客户满意度和营收目标，其中一半的企业甚至为这三个职能部门设置了共同的交叉销售和追加销售目标；此外，80% 的公司都在利用统一的客户旅程，以涵盖客户在营销、销售和服务等多维度接触点的数字化互动；各职能部门将继续专注于自身领域，但建立跨越营销、销售和服务部门的高度协作的'超级'团队是大势所趋"。这就意味着我们需要一种机制来解决基于纵向的专业化分工所形成的组织架构存在的横向整合问题。由于流程具有跨越单一部门

　　○　PRAHALAD C K, HAMEL G. The core competence of the corporation[J]. Harvard business review, 1990, 68(3): 275-292.

的天然属性，⊖ 设计良好的流程可以帮助企业穿透组织间的边界，从而实现横向协同的目标。就此而言，流程就成为数字化企业构建的基石。没有合理、高效的流程体系作为业务和组织管理的基础，数字化企业是很难真正变成现实的。这就是为什么"流程化管理"和"平台式架构"成为许多企业向数字化转型过程中的常用选项。由于价值产生大多是发生在流程内的活动当中的，因此，我们可以通过不断地消除流程中不创造价值的环节来达到提升业务和管理效率的目的。同时，由于"活动"作为分析单元所具有的可见性，我们可以较为可行地追踪和分析各项活动消耗的成本和时间，这也就使得数字化背景下的数据驱动式决策有了更大的发挥空间。企业可以通过数据分析来更为有效地消除重复发生的业务或管理问题、消除任务衔接的时间耗费、消除工作量过载或不均衡等导致的组织效率损失。

正是由于流程在数字化企业中扮演了极其关键的角色，"精益"就自然而然地成为数字化企业的根本特征之一。这也意味着，企业的数字化转型是一个持续改进的过程，数字化企业需要通过对流程的持续优化来捕捉更多的价值创造机会，或者提升企业在价值挖掘上的效率。企业在战略、业务、组织上发生的很多调整，都会或多或少地对流程体系产生影响，需要流程做出相应的调整和优化来适应。与此同时，数字技术使得流程改进的结果——效率或价值，可以被更为清晰地度量，因而这个持续改进过程也就具有了很强的闭环迭代性质。

在数字化企业实现业务与管理效率提升的过程中，算法发挥着越来越重要的作用。算法可以被视为内嵌于信息技术系统的决策规则，它通过数据的驱动来实现自动化、高效率、可复制的业务与管理操作。以一家拥有多家直营门店和加盟门店的品牌服装为例，服装行业具有款型变化快、季

⊖ 考虑到流程体系在结构上的嵌套性，有大量的流程将会跨越团队、职能、部门甚至企业的边界。在这里，我们更关注的是跨越组织边界的流程属性。

节性强、生命周期短等典型的行业特点。由于很难完全在事前预测爆款，且经营者需要一定的款型数量来覆盖多样化的、长尾化的市场需求，因而很容易出现人工管理模式难以跟上快速的变化节奏的问题。一方面，爆款出现的时候可能由于备货及追单不及时而错过时机；另一方面，由于一些款型销售不畅，可能产生库存积压。借助于数据驱动形成的算法，企业可以大大提高补货调拨决策的有效性和效率，缩短识别爆款所需要的时间周期以及提升爆款识别的准确度，并且通过客群数据分析为潜在爆款适配最有可能产生高销量的门店。在数据不断累积的过程中，企业还可以不断地改进和迭代算法，从而实现效率的持续提升。

数字化转型的解析视角

我们之前对数字化企业的关键特征进行了探讨。这有助于我们理解企业数字化转型的目标与方向。不过，从数字化转型的落地实践来看，有两个重要的问题需要回答：从数字化视角来看，数字化企业将会涉及哪些重要构成要素？我们也可以把这个问题视为站在时间截面上，当我们在思考数字化企业的时候，这里的"数字化"将会与什么内容有着直接的关联？数字化转型是一个持续发生的过程，那么站在时间的纵向角度，数字化转型会包含哪些实施上的步骤？数字化企业的构成要素如图3-2所示。

我们可以将数字化企业按照如下方式进行拆解。企业是由人构成的组织，而人既是业务与组织管理的实施者，也是企业业务与管理实施过程中需要有效配置的重要资源。因此，"组织在线"就成为数字化转型的重要基础——组织刻画了人之间（包括个体之间、团队之间、部门之间等）的关系，也描述了人这种资源（时间、能力）的状态及配置情况。

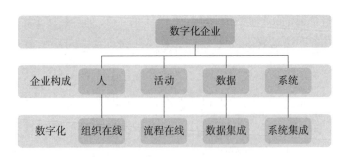

图3-2   数字化企业的构成要素

如前所述，企业的业务与管理活动可以通过流程来形成逻辑与时间上的顺序关系。如果说活动构成了企业运转的分析基础与资源运用的基本单元，那么"流程在线"就成为数字化企业的必然构成。借助流程在线，管理者们可以实时了解企业业务与组织的状态及其变化，从而可以有效地围绕组织目标与情境变化来进行动态的调整。

由于数字技术的支撑，不论是人还是活动，其状态和变化都会以数据的形式沉淀下来。考虑到企业作为一种组织形式非常关注协同效应的产生，这就需要将企业内部分散的（在时间上和空间上）数据（或者说碎片化分布的数据）进行集成。换言之，数字化企业在寻求协同效应的过程中高度依赖于"数据集成"。

企业内部存在着大量的运营与管理系统，这些系统在以往企业的发展过程中借助于数字技术被不断地建立起来，如何将这些分布式形成的系统进行整合（我们可以将之称作"系统集成"），无疑是数字化企业必须解决的关键问题。

由此，我们在此可以把"数字化转型"界定为这样一个过程：它是以战略为牵引的，以构建智能、敏捷、精益的数字化企业形态为目标所实施的具有全局性的组织变革过程。在此过程中，需要将数据集成、系统整合和流程优化作为基础，并涉及组织在观念与文化上的重要转变。对于数字化转型实践者而言，在数字化转型的纵向过程中需要寻找如下问题的答案：数字化转型的目标如何设定？数字化转型通常会经历哪些步骤（或者阶段）？在每个阶段中我们可以使用什么工具来规划和分析？在数字化转型的过程中，我们需要遵循什么原则？为什么要遵循这些原则？

　　为了回答这些问题，我们在接下来的第 4 章～第 10 章会介绍企业数字化转型的 7 个步骤，整体框架如图 3-3 所示。不过我们需要说明的是，尽管这样的一个数字化转型方法论框架具有相当的普适性，并且这 7 个实践步骤是基于整体逻辑的顺序，但这并不意味着在真正的实践过程中它们的顺序完全不可以有先后次序的调整或者时间上的并行。

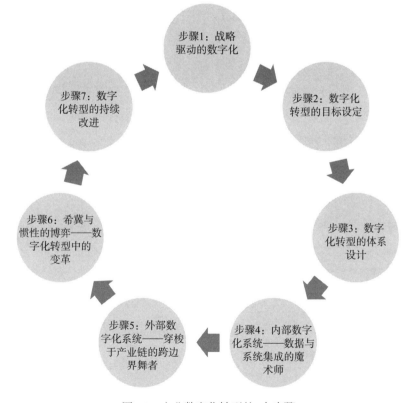

图3-3　企业数字化转型的7个步骤

第 4 章

步骤 1：

战略驱动的数字化

战略赋予数字化灵魂

每一家将要踏上数字化转型旅程的企业，都会很自然地想到这样一个问题：企业数字化转型应该从什么开始（或者说第一步应该是什么）？这很可能是出现在这些企业高层管理者脑海中的第一个念头，也是他们开始思考数字化转型的起点。

常言道，好的开始等于成功的一半。这句话主要强调的是"好的开始"的重要性，而非它在重要性上的实际比例，然而，为数字化转型选择一个好的起点，对于数字化转型的成功是非常关键的。

由于数字化转型必然涉及数字技术、数据、算法、数字系统等一系列技术性要素，甚至成为最易于被人们观察到的外显部分，因而不少企业管理者容易陷入这样的一个认识误区，即认为企业数字化转型最为关键的就是引入信息技术和信息系统，因此只要所选择的信息系统在技术上先进，就一定能成功实现企业的数字化转型。在此观念引导下，人们会认为数字化转型的第一步就是选择在技术上较为先进的信息技术、系统与工具。

我们不否认信息系统在技术上的成熟度和先进性对企业数字化转型是非常重要的。但是，我们需要意识到，技术维度只是企业数字化转型的核心维度之一，如果不能将业务维度、管理维度与技术维度这三个核心维度很好地融合在数字化系统以及数字化转型的过程中，单纯的技术思考是无法带来成功的数字化转型的。一个显然的事实是，数字技术只是我们在数字化转型中运用的手段或工具，企业的数字化转型归根结底是为了实现业务增长、管理能力和效率的提升，实现组织敏捷性与效率的良好平衡。我们将会在第6.1节对技术在数字化转型中扮演的角色展开进一步的讨论。

　　为此，德勤咨询在《工业 4.0 悖论：克服数字化转型道路上的脱节》中指出："数字化转型并不是与核心组织战略和目标分离的抽象努力。"数字化转型在信息技术层面的选择可以有很多，在数字化转型的具体实施过程中也可以有众多关注焦点，如果没有一个方向性的指引，这些选择似乎都具有合理性，那么我们将会陷入过多的选项中而无可适从。并且，在大多数时候，这些选择都需要付出一些成本或代价，而这些成本有些是短期性，有些则是长期性的，如何保证这些成本或代价是值得的需要经过长期性的思考才能确认。所有这一切都意味着，没有战略的牵引，数字化转型将会无的放矢，不论是数字化转型的实施过程还是实施结果，都难以真正达到企业预期。

　　与此同时，数字化转型涉及技术、业务和管理三个维度的有效集成，因为信息技术本身并不会定义目标和结果，它需要通过业务和管理的具体内容输入来产生或者说定义目标和结果。这也是为什么我们说信息技术、业务运营、组织管理三者的有效融合与集成是决定企业数字化转型的核心关键。在此过程中，没有战略的牵引，技术、业务和管理这三者将会各行其是，因各自在内容、关注点和目标上有差异而自成体系，难以形成一个融合的整体并产生协同效应。正因如此，我们强调"战略赋予数字化灵魂"。在数字化转型的整个过程中，在数字化转型的每一个阶段性步骤中，数据驱动的数字化思考都会贯穿始终。麦肯锡公司（McKinsey & Co.）的 Karel Dorner 和 David Edelman 对企业数字化给出了如下一段形象的描述："对于一些高管来说，这是一场关于技术的竞争。对于其他人而言，数字化是一种与客户互动的新方式，它代表了一种全新的经营方式。虽然这些定义不一定都不正确，但是这种多样化的视角却经常让领导团队'四分五裂'。原因正是理解的不一致和缺乏对企业未来之路的共同愿景。正因为如此，企业会经常出现不连续的举措和错失方向的努力，继而表现出迟缓

或从一开始就迷失方向。"⊖

　　这也就导致了数字化转型在每一家企业都带有一定的企业特定性，或者说每一家成功实施数字化转型的企业，在其数字化转型的规划设计与实施过程中都会带有这家企业特有的一些烙印。正如德勤咨询在《工业4.0悖论：克服数字化转型道路上的脱节》中所指出的："数字化转型没有单一定义。说到底，数字化转型就是每家公司赋予其的独特含义，以及公司想从中实现的东西。数字化转型为组织的需求服务；绝对没有两个相同的数字化转型计划。"⊜

数字化转型价值=战略×数字化系统

　　数字化转型需要企业投入大量的资金、资源、时间和管理精力，因此，如何最大限度地释放数字化转型所产生的价值，以及最大限度地降低数字化转型所产生的成本，就成为企业高层管理者需要审慎思考的问题。

　　在数字化转型的价值释放上，我们可以用一种简化的方式来理解：数字化转型价值=战略×数字化系统。这包含了两重含义。首先，战略赋予数字化转型以灵魂（方向），而数字化系统则扮演了倍乘器的作用。这就如同如果我们想要快速地从一个地点（起点）到达另外一个地点（目的地），那么能否有效地完成这个任务就取决于我们选择的方向是否正确以及在所选择的路径上是否有较快的速度。如果方向选择有问题，则会事倍功半；而如果方向正确，但是速度缓慢，我们依然很难高效率

⊖　资料来源：澳财网，《麦肯锡：企业搞数字化转型，千万别被技术"绑架"》，2019年。
⊜　我们将在第11.2节进一步讨论数字化转型为何会具有明显的企业特定性。这些原因包括战略的差异、组织能力基础的差异以及业务属性上的不同。

地完成这个任务。

　　其次，在数字化系统与战略之间存在着内在的互动关联。一方面，数字化系统本身并不会自动生成业务内容，当一家企业对战略进行调整的时候，它的数字化系统的设计将有相当大的可能需要做出相应的调整。例如，一家连锁酒店的经营商，直营或者加盟代表了两种不同的战略方向选择，自己来建立和运营会员制或者从 OTA（online travel agency，在线旅行社，如携程）平台导入客户流量也是两种不同的战略选择，这些不同的运营战略选择可能都意味着需要设计的信息系统在流程逻辑或功能模块上存在明显的差异。或者我们也可以想象一下这样的场景，一家产品（业务）多元化的公司如果想要获得更快的业务增长，仅仅考虑借助于数字化系统的支撑来提升业务处理效率是远远不够的，或许它首先需要思考的是企业是否存在着过度多元化的问题，将产品或业务更为聚焦是否反而更有利于在市场竞争中建立优势并由此获得更快的增长。另一方面，数字化系统的导入和深度应用会对公司战略产生长期性的影响——正如德勤咨询在《工业 4.0 悖论：克服数字化转型道路上的脱节》中指出的："真正的数字化转型通常会对企业的战略、人才、商业模式乃至组织方式产生深远影响。"

　　虽然"战略"本身有着非常丰富的内涵，战略目标也存在着多元性，但在企业数字化转型情境下，我们会首先强调"寻求业务增长"是最为关键也最为核心的数字化转型过程中的战略级目标。Altimeter 发布的《2018—2019 数字化转型报告》提出："数字化转型的目的不是为了变得更加数字化，而是为了获得商业成长。"我们至少有如下三条理由来支持"业务增长是数字化转型的战略级目标"这个观点。

　　（1）既然战略扮演了赋予数字化转型以灵魂的角色，那么战略目标自身的实现就会自然而然地成为数字化转型的关键动机。正如 D. Teece 等人所指出的，战略管理领域最为根本的问题是企业如何获得并维持竞争优势。⊖ 竞争优势的获得及维持必然会反映在企业业务收入的增长上。换言之，虽然企业完全可能有许多其他战略目标的设定，例如客户满意度、交货及时性、产品质量等，但这些目标最终会透过市场与竞争体现在业务增长这一综合性结果之上。

（2）数字化转型需要大量的前期投入，既包括在信息技术设备与系统上的直接投资，也包括为配合数字化转型所需要构建的能力上的投入。虽然逻辑上这些投入可以通过数字化转型带来的企业运营成本节省来得到补偿，但在更普遍的情况下，它需要通过为企业带来更多的业务增长机会来获取投资收益。如果不能带来业务增长，数字化转型很难真正为企业带来长期价值。

（3）企业业务增长在很大程度上是解决企业运营问题以及员工激励问题的关键。如果企业业务在不断增长，企业在解决运营问题上寻求解决方案的限制条件会少很多，从而有可能找到更好的问题解决路径和方案。此外，业务增长也是解决很多员工激励问题的基础。例如，在一些企业当中，我们会发现它们往往在内部存在很多内耗，"人才拥挤"和"人浮于事"的问题大量出现，员工之间或者是部门之间存在大量的推诿与扯皮，员工的工作积极性与主动性也不高。管理者可能会认为这是激励不足带来的问题，试图通过设计所谓更为合理的绩效考核体系来解决问题。而事实上，问题的根源很可能是由于企业业务缺乏增长。我们可以把企业的运营管理活动抽象为"做饼"和"分饼"这两类活动，如果"饼"（企业业绩）不能变得更大（也就是没有增长），那么组织内所有人的注意力都会放在单纯的"分饼"问题上，而在没有业务增长的情况下"分饼"将会变成一

⊖ TEECE D J, PISANO G, SHUEN A. Dynamic capabilities and strategic management[J]. Strategic management journal, 1997: 509–533.

个不折不扣的零和博弈游戏（也就是游戏中任何一个人或一些人的得到都源自其他人的失去）。在这种情况下，你将绩效考核的指标设计得再精细、指标权重生成方法设计得再合理，依然无法改变这个问题的根本性质。又例如在一些企业中，企业试图采取员工持股或者股票期权的方式来对骨干员工进行激励，却忘记这种做法如果想要产生效果需要一个关键的前提，那就是企业需要有持续的业务增长。因为不论是员工持股的分红还是股票期权产生的价格差收益，其激励效果都源自人们对激励设置时间点之后企业未来价值的预期，而这在很大程度上取决于企业未来是否有更多的持续增长空间。如果员工对于企业未来增长的预期是很消极的，那么他们将宁愿选择当期的现金回报而不是未来的股权收益。

战略差距提供数字化转型的方向

麦肯锡在一份有关数字化转型的报告中这样写道："如果不对核心（公司命脉的价值定位、人群、流程以及技术）进行转型，任何数字化计划看起来都是一次短期修理。剩下的公司将不可避免地倾向于回归到既有的惯常做法中去。"[○] 如果我们将数字化转型视为战略驱动的组织变革过程，那么如何生成引导数字化转型的战略，就成为首先需要解决的实践问题。

针对数字化转型的战略分析，本质上是将企业数字化转型输入战略目标作为牵引，为此，我们可以采取如下的分析框架来进行结构化的分析。这个框架的基本思想源自 BLM[○]（Business Leadership Model，业务领先模

[○] 资料来源：36 氪，《麦肯锡的 CEO 指南：企业数字化转型的七个重要决策》，2017 年。
[○] 业务领先模型（BLM）是由 IBM 开发的一套从规划执行的战略解码方法，后来被引入华为公司并获得成功的运用。之后国内有不少企业在战略管理体系中引入了这套方法。

型），并在此基础上针对数字化转型的需要适当地进行了一些变形。

我们首先可以假定，任何一家企业在某个给定的时间点上，可能会存在一些"战略差距"（例如相对于你的主要竞争对手），那么战略的意义就在于如何有效地帮助企业在给定的时间里迅速地缩短甚至是消除这些差距。即使是对于在行业或者领域内处于领先地位的企业，如果采取不同的维度进行对标的话，依然可能会在某一些维度上存在短板，也就相应地可以成为战略措施着眼的方向。数字化转型作为一种战略性的组织变革，可以被视为提供了一种途径、工具和机会来帮助企业消除战略差距。

那么，这些战略差距可以从哪些维度来定义呢？换言之，我们可以选择哪些维度来确定衡量战略差距的基准（benchmark）？ [⊖] 我们可以用"看未来""看对手""看客户""看自己"来代表定义战略差距的四个维度。所谓"看未来"，就是以公司愿景作为一个参照基准。每家企业在特定的时间点上都会对企业的未来有一个期许——未来我们想把自己的企业发展成一家怎样的企业？从以未来引导现在的思考方式来看，我们可以分析企业现在的状态与未来的目标状态之间存在着哪些差距，尤其是一些关键的业务指标以及在这些指标背后所需要建立的能力基础。"看对手"则是确认我们的竞争对手究竟是谁？谁是我们最为合适的竞争对标对象？我们与它们之间的差距主要是在哪些方面？我们常说，你选择与谁同行，你就会最终成为谁。所以，通过竞争对标来寻找企业自身的差距，并且努力去不断地消除差距，是企业成长的有效路径。"看客户"的根本原因在于，只有有效地满足了客户的需求，企业才能获得持续的、不断增长的业务收入。"看客户"意味着我们需要问如下相关的问题：我们的目标客户需要什么？我们客户的客户需要什么？我们在满足我们的客户以及帮助我们的

⊖ 我们在第5章中会针对数字化转型的目标设定展开更为详细的讨论。

客户满足他们的客户上还有什么问题、短板或瓶颈？在这里尤其需要指出的是"客户的客户"理念（尤其是在 To B 领域），我们为客户提供的产品（或服务），本质上会被我们的客户用来去满足他们的客户需求或者去解决他们面对的问题，因此我们只有帮助客户更好地满足他们的客户，才能获得长期的增长机会。"看自己"则是从业务运营和组织管理的角度来识别企业内部存在的一些瓶颈，尤其是在企业内部，有哪些问题会重复发生（或者一直存在）并影响我们工作的有效展开？哪些内部的因素使我们在更好地服务于客户方面受到制约？

在战略差距分析的具体运用上，企业的高层管理者、中层管理者以及核心员工都会参与这样的讨论会议（各个小组在成员构成上都尽可能地覆盖不同的管理层级以及不同的职能部门），讨论会议时长通常是 1～2 天。讨论的最初阶段是分组讨论，参与人员划分为 3～4 个小组，每个小组内部围绕着战略差距分析的四个维度，逐一展开讨论。在讨论的过程中，需要大家不仅仅提供自己的观点或看法，还需要尽可能地提供一些事实、数据或依据来进行佐证。小组内部基本达成一致结论之后便是跨组的分享与讨论环节，即每个小组需要陈述本小组讨论出来的结果，所有小组完成陈述或展示之后，再进行跨小组的群体讨论，逐步迭代出一个收敛的群体讨论结果，完成对战略差距的具体确认。接下来的阶段是对这些战略差距进行优先级的设定，这需要结合企业的资源现状、差距事项的普遍性与发生频率、差距事项产生影响的程度等来进行综合性判断。最后一个阶段围绕着识别的战略差距，尤其是那些具有较高优先级的战略差距，探讨如何通过数字化系统以及企业的数字化转型来更好地解决这些问题。当然这个阶段可以被划分为更细分的步骤：分组进行讨论，每个小组形成一些可以落地的、目标明确的措施列表；跨小组讨论，以各个小组形成的措施列表为基础，进行汇总、合并、优化、迭代，最终形成确认后的措施列表；围绕实施人、实施时间规划、阶段性目标设定、资源需求，针对措施列表中的每一个事项（或者说项目）形成规划细节。这些讨论步骤的核心任务就是让战略（差距）与数字化转型之间形成有机的关联，并且使战略驱动的数字化转型需求事项之间具有共同目标和内在关联性。

为什么数字化不能完全外包

数字化转型对于很多企业而言都意味着一场从未经历过的挑战。由于缺乏数字化转型相关经验以及缺少驾驭数字化转型所需要的能力（例如信息技术相关的基础能力），不少企业倾向于寻找第三方服务商来提供数字化转型方面的专业性服务。这些服务包含对企业数字化基础的诊断、企业数字化转型规划蓝图、数字化系统架构设计与技术选型、数字化转型实施方案设计等。这种寻求外力的做法本身是无可厚非的，在上述情境下也具有相当的合理性。不过在此过程中，我们依然要非常仔细地思考这样一些问题：数字化转型可以被外包吗？外包过程中是否会存在一些潜在的风险点？如何管理和控制这些外包带来的风险？

我们先来看来自麦肯锡咨询公司的一份报告《为什么数据文化至关重要？》中给出的两个例子。第一个例子由来自休斯敦太空人队（美国棒球队）的 Jeff Luhnow 给出："过去我们习惯于利用外部公司来存储星探 / 选秀报告或统计数据，现在大部分此类工作可在公司内部完成。我效力于圣路易红雀队（2003—2011 年）时，我们用的是外部供应商，随后我加盟了太空人队，当时他们用的也是外部供应商，不过外部供应商在响应时间和定制化服务方面存在不足。特别是当你有了新想法，希望让外部供应商开发相关模型，但同时并不希望与其他 29 家俱乐部分享时，很难确保你的想法不会被分享，被分享总会以某种方式、状态或是形式发生。这导致多数俱乐部认为自己处理数据和信息的方式构成了一种竞争优势。这样一来，内部控制也就变得非常关键了。"这个例子呈现出两个重要的考虑：数字化转型可以被视为期望为企业带来独特竞争优势的机会或工具，而在外包策略下，你很难避免你的竞争对手获得类似的优势，因而构建具有难以模仿性和可持续性竞争优势的想法会落空；数字化转型是一场漫长的"竞赛"过程或一场持续时间较长的"游戏"，而第三方服务往往会有明确的服务期限（并且这个期限通常大大短于数字化转型充分产生回报的周期），这就意味着你不得不一直依赖于你的外部供应商，当你需要或者是想要更换服务供应商时，还会面临不小的转换成本。另外一个例子来自马士基公司的 Ibrahim Gokcen："但在其他情况下，显而易见的是我们可以为自己的团队创造独特的洞见，还有机器学习及人工智能算法、应用以及软件产品。我们可以进行运营转型，为自己的客户提供更优质的服务。很显然这些都是我们希望自己能够保留的。"[⊖]

在更为普遍的意义上，为了更好地利用和管理与第三方服务商合作完成的企业数字化转型，有如下一些方面是我们需要处理的。

首先，我们需要意识到，想要实施数字化转型的企业与提供专业性服务的第三方服务商之间在数字化转型实施上是存在着潜在的目标及利益冲突的。对于企业自身而言，它希望的是数字化转型能够更好地贴合企业自身的特点、数字化转型项目的投入尽可能地节省；而对于第三方服务商而言，它们作为专业性服务的提供者，人力投入通常是它们最大的成本，因此它们会有很强的动机去尽可能地采取通用型方案来满足企业用户具有一定差异化的需求（也就是尽可能地复制以往做过的数字化转型项目方案），

⊖ 资料来源：今日头条，《麦肯锡咨询：为什么数据文化至关重要？》，2020 年。

并且项目周期越短越好。这种在效果与成本关注点上的差异，不可避免地导致一些项目难以完全达到企业客户的预期。因此，企业在寻找专业化的服务提供商以及在签订服务项目合同的时候，把这些因素考虑在内，并且采取一些有利于激励服务商的措施和合同条款，就变得很有必要。

其次，企业自身还需要分析在数字化转型过程中哪些事项是可以完全交给服务商来完成的、哪些事项是需要通过与服务商合作来完成的，以及哪些事项只能或者以自己为主来完成。考虑到数字化转型设计的背后需要高度融合数字技术、业务运营以及组织管理的细节，因此对于流程分析、优化与设计，如果纯粹采取"甩手掌柜式"的做法，是非常容易导致数字化转型失败的。这在一定程度上也能够解释为什么一些企业明明选取了具有一定专业水准的外包服务商，最终却仍然未能达到预期目标和数字化转型的成功。

第 5 章

步骤 2：

数字化转型的目标设定

数字化转型的基本出发点

实施数字化转型可以为企业带来巨大的价值，打造企业的竞争优势，这既是数字化转型所具备的潜力，也是我们在实施数字化转型时的期望。不过毫无疑问，数字化转型通常是个复杂而漫长的过程。我们常说，好的开始等于成功的一半。对于数字化转型而言，这个"好的开始"取决于我们对数字化转型目标的理解。当人们看待数字化转型的时候，"数字化"似乎占据了天然的焦点位置。然而，我们需要指出的是，企业实施数字化转型的终极目标从来就不是更高水平的数字化或更海量的数据。正如摩根大通前首席数据官 Rob Casper 所说："坚决厘清真正的业务问题，弄清究竟是些什么问题，如何解决这些问题。如果你只是依赖数据湖里的海量数据，那是开玩笑。"

另外，成功的数字化转型需要明确的目标设定来作为指引，因为数字化转型既是一个在时间上较长的过程，同时也需要企业内几乎所有的部门协作来实现，过于宏观而缺乏具体性的目标设定可能会使人们在数字化转型过程中逐渐迷失方向。例如，一些企业把"通过数字化来帮助企业成为行业领导者"作为数字化转型的目标设定，这在实施过程中会为人们带来诸多困惑。这是因为在企业内人们每天进行的那些具体工作事项，很难直观地体现出与如此宏大的目标之间的具体关联，人们也很难判断在数字化转型过程中这些具体的工作是否能真正帮助企业向着目标推进。

因此，承接上一章展现的步骤1——从顶层设计上为数字化转型的实施提供战略上的引导，这一章给出的步骤2则是企业在开始实施数字化转型时如何设定具体的目标。

　　企业的数字化转型目标往往是多元且异质的。正如我们在第 4 章中反复强调的，企业的数字化转型不仅仅是个技术问题，而是技术、业务和管理三大维度的共同课题。这三个维度相互影响、相互依存，使目标的制定变得复杂。企业需要综合考虑各个维度的要素，并找到它们之间的平衡点，以制定整体的数字化转型目标。从技术角度来看，数字技术的快速发展和不断变化增加了数字化转型目标的复杂性，企业需要面对不断涌现的新工具和改变现有技术基础等多重挑战。从业务角度来看，企业的不同业务单元和职能可能面临不同的挑战和机遇。每个业务单元可能具有独特的数字化需求和目标，企业需要在不同层面上协调各个业务单元的目标。从组织管理视角来看，企业是有多重目标的系统化组织，涉及组织流程的变革和员工的思维方式、工作方式、技能要求等方面的改变，也会面临多个复杂的问题。所以企业的数字化转型目标往往并非独立、简单的决策问题。与此同时，组织需求、行业情境和竞争环境的差异也会加剧这种目标的多样性。

　　在本章中，我们将分析数字化转型目标的可能选项及其设定方法。企业首先要结合自身的发展阶段及现状生成需要达成的目标，然后将这些目标进行优先级设定和分类，形成企业数字化转型的目标清单。这一清单将成为企业找到数字化转型方向所需要的初始地图。正如 NBCU（环球影视公司）决策科学负责人 Cameron Davies 所言："我们必须牢记于心的是分析的最终目标，即制定更优的决策。"企业可以根据数字化转型目标清单进行任务分解和任务合成，为后续的数字化转型实施提供指引。我们可以从以下四个方面来寻求企业数字化转型的目标选项。

能否帮助企业突破业务和管理上的瓶颈

　　数字技术作为强有力的赋能工具，可以帮助企业解决其在业务和管理上存在的一些瓶颈。这些瓶颈的存在会在很大程度上限制企业更好地发展。在业务层面，瓶颈主要体现在企业在满足用户需求、捕捉市场机会上的低效率，甚至会导致明明看到了大量的业务机会，企业却依然无法将这些市场机会转换成业务收入。例如，在数字技术被广泛运用之前，企业的产品开发在对需求进行定义的时候，由于缺乏充分的实时信息来了解客户的需求，企业只能采取猜测的方式来预估；在生产环节，企业由于很难获得充分的需求信息来引导采购计划和生产能力的配置，所以大多数时候需要通过库存来缓解需求预测与真实需求之间的偏差；在销售环节，企业要耗费许多精力去寻找那些需要企业产品和服务的用户或顾客，这种信息不对称的问题常常导致企业的销售效率难以提升。在管理决策层面，企业内的管理决策者每天都需要做出大量的决策，其中的一些决策甚至会极大地影响企业接下来的发展。为了做出更好的决策以及更有效率地做出决策，这些决策者需要大量的有效数据。决策者需要审视他们在决策过程中所采用的流程，根据评估、洞见或决策要求，确定现有数据是否存在缺口、获得必要数据所需时间及所需精力。有些时候，企业只要从消除现有决策流程中的阻碍切入即可。找到现有决策流程的阻碍后，可以评估分析企业如何通过数字化系统的部署来解决这一瓶颈。与此同时，企业内部大量的管理流程也是影响企业增长效率的重要环节。如何找到这些管理环节存在的低效率瓶颈，是提升组织效能、为业务赋能的有效途径。

例如，作为中国最大的轮胎生产企业，中策橡胶集团曾经迫切需要解决由原材料导致的轮胎质量波动性问题。像米其林等国外知名品牌，它们的产品之所以品质稳定，是因为它们拥有自己的橡胶园，借助自身较为雄厚的资金基础及较高的产品利润率，可以将不同地点和不同时期收储的橡胶原材料进行混合，从而保证原材料的均质性。但这也意味着较高的仓储和库存成本。中策橡胶集团不得不采取不同的模式来解决问题，数字技术的运用就成为一个思考方向。2019 年，中策橡胶集团与阿里云合作，通过

ET 工业大脑，基于以往关于原材料成分、工艺组合的历史数据来寻找最优的配比和工艺。[⊖]这种数据驱动的优化策略有效地解决了企业面对的业务瓶颈。类似地，在卫生纸制造行业，过去卫生纸在生产过程中无法直接检验，每次都是在生产好的整卷产品中剪下样品去实验室对照。如果检验结果不合格，那么整卷产品，也就是 5 万米长的卫生纸，都将被判定为残次品。这带来了极大的成本浪费。如今，通过传感器采集数据以及基于数据建模的算法，可以在整个生产过程中实时地对每部分的产品品质进行检测，既极大地提升了生产效率，也大大节约了成本。[⊖]

从中国企业目前的数字化转型阶段来看，如何通过数字化转型来消除业务运营瓶颈从而获得运营效率的提升往往被列为优先级更高的事项。在红杉中国发布的《2023 企业数字化年度指南》中，相关数据统计也在很大程度上验证了这一点（见图 5-1）。这一方面是因为在中国市场，基于效率

图5-1   红杉中国的《2023企业数字化年度指南》报告内容

⊖   感兴趣的读者可查阅：https://www.aliyun.com/page-source//markets/et/industrybrain。
⊜   徐怀. 传统产业"发新芽" 新兴产业"生强枝"[N]. 南方日报，2023-10-26（02）.

的竞争是很多行业企业所面临的常态，如何获得效率上的优势在某种意义上是一种关键的生存基础；另一方面，数字技术在其天然属性上有利于降低交易成本和组织成本，从而直接帮助企业实现运营效率的提升。

能否帮助企业节约成本或获得收入增量

一方面，数字化转型能否为企业带来新的业务增长机会或新的高效率业务模式是企业判断数字化能否带来收入增量的重要标准。数字化转型能否帮助企业进行更加灵活的产品开发和创新以更好地满足客户的需求？能否帮助企业在现有业务体系的基础上进一步拓展市场范围和客户群？另一方面，要评估数字化能否帮助企业提升效率、提升敏捷性或降低成本。数字技术的应用使得企业能够实现自动化和智能化程度更高的业务流程。由此，我们可以思考一系列与效率、灵活性和成本相关的问题：数字化系统是否可以帮助企业更加灵活地响应市场的变化？如果周期缩短一半以上，企业将如何经营业务？如果消除了人工流程，企业可以完成什么样的业务或流程创新？企业可以在决策时嵌入哪些能提升洞察力的技术？需要哪些分析工具来为高管提供数字仪表盘？实时能力将如何改变企业的商业模式或管理模式？通过深入思考这些如何利用数字化转型来帮助企业提高效率、降低成本、提升灵活性的问题，可以为数字化转型规划提供关键的目标设定。

以星巴克为例，为了有效地控制门店的运营成本、提升门店运营的效率，星巴克设定了一些关键的运营指标来作为管理的抓手。例如 IPLH（income per labor hour，即单位人力每小时对应完成的饮料杯数或销售数量），其计算方式是：（每日的总饮料制作数量＋饮料与糕点交易数量）/ 总工时数。星巴克对这个指标有着较为严格的控制要求，当该指标低于一定数值时，总部就会减少门店排班的人数。一般来说，每日 300 交易次数的门店，预期 IPLH 在 10～12。此外，星巴克的后台系统会根据门店的现有库存和预计使用量，及安全库存量公式计算并订购门店所需要的物品（包括咖啡豆、糖浆及非食品的纸巾、纸杯、杯盖等），订购成本会在每家门店的 P&L 报表中体现并影响 ASM（门店副经理）及以上职级的绩效表现。[⊖]

能否帮助企业更好地创造价值及满足顾客需求

　　在数字化时代，消费者或用户对于便利、个性化和即时性的需求越来越高。理论上，通过数字化转型，企业可以利用数字技术与消费者或用户进行更直接、更个性化、更高效率的互动。例如，电子商务平台可以提供 24 小时在线购物服务，移动应用程序可以实现个性化推荐和定制化服务。这样的改善可以提升用户满意度，增加用户忠诚度，并帮助企业获得更多的市场份额。企业需要思考这些问题：企业的客户还有哪些未被很好满足的需求？客户的需求是否随着数字化时代的到来产生了一些新的变化？是否需要以及如何开发具有数字功能的产品和服务进入新市场？是否需要颠覆目前的商业模式（例如，为结果付费、订阅模式或其他新的收入模式，将产品和服务数字化或者将数字化内容嵌入到已有的产品和服务当中）？技术基础设施是否足够灵活以满足不断变化的客户需求？是否可以抓住一些以往被放弃的离散的或长尾的需求？是否需要或者如何重新定义品牌？企业文化是否能够支撑以客户体验和数字创新为中心？为了让客户获得更好的体验，是否需要重构业务流程？

能否帮助企业实现战略导向下的业务目标

　　数字化转型使企业能够收集、分析和利用大量的数据，更准确、更

⊖ 资料来源：咖啡网。

全面的信息有利于企业做出更明智的决策。基于数据的决策可以减少主观性和猜测性，提高决策的准确性和可预测性。更重要的是，数字化转型可以成为我们实现战略导向下业务目标的强大赋能工具。例如淘宝诞生一年后，阿里巴巴设定了当时看起来如同天文数字的目标：B2B 人均 100 万元收入，淘宝人均 GMV（gross merchandise volume，成交总额）达到 1 亿元，支付宝 3 亿元的支付额。为了实现这个目标，阿里巴巴一直在不断推进数字技术，而数字技术也为阿里巴巴带来了强大的业务竞争力。

识别需要解决的关键问题

识别关键问题具有两重目的。第一，确定业务和管理角度需要解决的关键问题，作为数字化转型的目标输入。明确目标可以帮助企业明确要实现的结果和预期成果，以及数字化转型的重点领域。目标的明确性有助于组织内部的一致理解和行动，确保各个部门和团队朝着相同的方向努力。第二，思考数字化系统可以如何赋能来解决这些关键的问题。我们还需要思考数字化转型在这些识别的问题和目标中可以发挥怎样的作用，通过分析数字化在企业关键业务目标中的作用，可以确定数字化与业务目标之间的关联性。这有助于理解数字化对业务目标的影响程度和方式，从而确定数字化转型的战略方向和优先级。

以一家精加工上市企业为例，在数字化转型的规划阶段，就围绕着企业需要重点解决的问题，为企业数字化设定了三个方面的目标。

（1）解决业务运营中的关键瓶颈。企业在从客户那里获得业务订单的时候，大多数订单都带有定制化特征，有特定的精加工要求，企业在进行批量生产之前需要对首次零件加工进行生产调试，而这个生产调试所需要耗费的时间一般是批量生产所需时间的 4～5 倍，企业希望通过数字化大大减少这个生产调试时间。并且，以往这种生产调试高度依赖于加工设备操作者的经验，如何降低对个人经验的依赖也是在此过程中需要着手解决的问题。

（2）生产效率的提升目标。企业在加工过程中的核心是加工中心，考虑到加工中心上较大的投入，如何提高加工中心的使用效率（即开机正常运行时间所占比例），就成为生产效率提升中的关键环节。

（3）管理改进目标。企业以往一直存在着库存、生产和财务三个环节的三个账本，这些账本所记录的数据服务于各自的管理目标，并未进行数据标准化，如何让这三个账本在数据上实现统一，就成为管理过程中需要解决的重要问题。否则，企业很难在产品级追踪状态及其成本，也就很难进一步提升在资源配置上的效率。

具体而言，我们在识别需要解决的关键问题上将逐步进行以下工作。

形成备选的问题列表

数字化系统在数字化转型中是解决问题的手段，因此它的设计源自我们为数字化转型定义的目标，即我们希望通过数字化转型来解决的关键问题。为了形成备选的问题列表，我们可以从如下四个方面来寻找我们需要解决的问题：采用业务领先模型（BLM）和平衡计分卡（balanced score card）方法来定义我们需要消除的战略差距和需要解决的业务及管理问题 [⊖]；建立业务

⊖ 通过业务领先模型来定义战略差距，可以参见本书的第 4.3 节内容。平衡计分卡作为
   一种战略管理工具，从财务、客户、内部运营、学习与成长四个角度定义战略导向下
   的绩效管理体系，在企业实践中已经得到了大量的应用。作为一种较为普遍运用的方
   法，我们在本书中就不再赘述。有需要的读者可以阅读：卡普兰，诺顿 . 平衡计分卡：
   化战略为行动 [M]. 刘俊勇，孙薇，译 . 广州：广东经济出版社，2013.

收入模型和客户价值分析模型，通过将业务收入或客户价值转换成可分解的影响因子，结合对标分析或目标对比来找到制约业务收入或客户价值的因子，进而分析这些影响因子背后存在的业务及管理问题；业务流程可以被视为将企业投入转换成绩效结果的中间过程，因此业务流程中存在的问题分析可以为我们提供提升绩效结果的思考和行动方向；商业模式在商业价值创造上已经具有越来越大的影响力，而数字化的赋能在更大程度上释放了这种价值创造力量，因此如何通过对商业模式的分析来识别存在的瓶颈，进而通过数字化来解决这些瓶颈，就成为数字化转型中非常值得思考的问题。

对问题进行合并和归类

企业在任何发展阶段里，都会在业务和管理上存在大量的有待解决的问题，并且随着时间的推移以及一些问题的解决，一些新的问题可能会随之产生。在这些已经出现的问题当中，其中一些问题不论在表现上还是在其产生原因上都具有相当程度的相似性。如果我们将这些相似的问题进行合并和归类，将有助于我们更好地采取行动来解决这些问题。我们还可以把相似的问题交给特定的团队或部门来处理，这有利于发挥专业化和学习的累积效应。与此同时，在前一步骤中我们提到，可以从四个方面来定义需要解决的业务与管理问题，从这四个方面识别出来的问题在很多时候都会有重叠，采取必要的合并和归类会有利于我们对需要解决的问题形成系统性的、结构化的理解。

优先级的设定

由于企业资源及管理者注意力的相对有限性，我们不可能在特定的时间点或时间段内解决所有的问题。对于通过上述步骤生成的关键问题列

表，我们需要通过优先级的设定，把有限的管理资源配置在优先级更高的
事项上。在这里，优先级取决于：对于战略目标实现的重要性；问题存在
的普遍性与解决的紧急性；通过数字化系统解决的可行性；问题解决所需
要的资源投入。通过综合评估上述方面，可以生成关键问题列表中备选问
题的优先级排序，并生成最终确定的关键问题列表。

将关键问题转换成可衡量可追踪的指标

　　在进行数字化转型规划时，需要设定明确的目标，而这些目标可以体
现为量化或半量化的指标。这些指标可以刻画业务或管理的状态及其变
化，由此也可以通过竞争对标或者与预期之间的对比呈现出问题表现或问
题解决的程度。如何把关键问题转换成可衡量、可追踪的指标，这依赖于
特定的业务或管理场景，也依赖于管理者的经验。我们将在下文中从建立
业务收入模型、业务流程分析和商业模式诊断给出一些实施操作上的系统
性框架。

建立并运用业务收入模型

　　寻求业务增长是数字化转型的重要出发点之一。麦肯锡的 Analytics
Quotient 在调查研究了全球多家企业后发现，企业的数字化水平越高，其
业务增长动力就越强。研究数据显示，数字化综合能力强的企业，其收入
增长率和利润增长率均是其余样本平均值的 2.4 倍。[一]如果一个企业迫切地
想要通过数字化转型来实现业务增长，而数字技术本身并不能帮助企业直
接变现。在这个时候，首先需要考虑的就是企业的客户群体定位及其对应

　　[一]　资料来源：36 氪，《企业数字化转型的目标》，2021 年。

的业务价值。企业可以通过定义客户特征或标签，对客户进行分群（例如采用聚类分析方法），由此从客户群体中识别出高价值客户和多样化的用户诉求，然后对公司业务进行相应优化和调整。

从用户的视角来看，立足于客户群体，企业可以更有针对性地优化用户体验。比如奈飞（Netflix）利用数据分析技术，深入了解客户需求和行为，实现个性化推荐和定制化服务。通过分析大数据和用户行为数据，企业可以更好地了解客户喜好和购买习惯，为客户提供个性化的产品推荐和定价策略，从而提高销售转化率和客户满意度。丰田也通过数字化转型改进了其汽车销售过程中和售后服务的客户体验。丰田引入了在线销售平台和车辆配置工具，使用户能够轻松选择和定制汽车，并实时获取报价和优惠信息。丰田还通过数字技术和远程诊断工具，提供远程车辆监控和故障排除，以提高售后服务的效率和质量。此外，它还通过数字化工具和虚拟现实技术，提供沉浸式的购车体验和培训服务。

从企业视角来看，通过数据驱动的决策和优化，企业可以更准确地了解市场需求、优化产品和服务，以及提高运营效率。利用数据分析和预测模型，企业可以识别新的商机、优化定价策略、改进营销活动，并优化生产和供应链等方面的决策。

想要真正通过数字化实现业务增长，首要的任务就是建立业务收入模型。利用业务收入模型进行分析和评估，企业可以识别当前的关键问题，并制定相应的战略和计划。这有助于企业在不同的收入模型中寻找增长机会、管理风险，并实现可持续的业务增长。具体来说，存在三种典型的通用业务收入模型。

基于过程的流量漏斗模型

这种流量漏斗模型中最为经典的是 AARRR 模型，它是由著名风险投资人 Dave McClure 于 2007 年提出的。[脚注]这种增长模型基于用户生命周期的不同阶段，将企业收入或流量的增长过程分为了用户获取（acquisition）、用户激活（activation）、用户留存（retention）、获取收益（revenue）和传播推荐（referral）等在逻辑和时间上存在关联的序列过程。给企业带来的增量收入取决于"新增用户规模 × 用户活跃比例 × 留存用户比例 × 收入转化比例"；老用户可以推荐新用户，从而增加用户规模。这种流量漏斗模型本质上是通过连乘逻辑将用户转化为收入或流量，从而给企业带来价值，而企业需要思考的是：哪个过程是最核心的环节？哪个阶段是目前的短板或问题？

（1）用户获取阶段：在这一过程中，产品的推广渠道是核心，运营者通过各种推广的渠道来触达目标用户，让用户可以体验产品。如知名的运动软件 Keep，在首次推出前发起了"埋雷计划"，锁定近百个百度和豆瓣上的垂直社区和群组，然后通过流量巨大的综艺节目的宣传，实现了上线 50 天，用户超过了 100 万人。尤其是面对大众用户时，在用户获取阶段通过推广渠道的拓展可以有效地帮助企业克服冷启动问题。企业可以通过渠道曝光量、日新增用户数、单位新增用户成本等指标来判断这一过程中的关键问题和数字化转型需求，制定相应的新的投放策略。

（2）用户激活阶段：在获取用户后，企业需要真正增加用户的使用次数和使用时间，将新增用户转化为活跃用户。日活跃用户数量、用户日均使用时长、人均停留时长、用户访问频次等指标可以帮助企业判断用户的黏性。根据腾讯 2022 年年报，微信及 WeChat 的合并月活跃账户数达 13 亿。这是体现微信市场地位的重要指标。在这一阶段，核心用户规模、用户的周期性变化趋势、用户群的使用习惯将成为企业关注的重点问题。

（3）用户留存阶段：随着用户的增加和活跃，提高用户黏性成了重要问题。这一阶段的目标是减少用户的流失、提高用户的嵌入度，为后续将用户或流量转化为收益做准备。留存率和流失率可以作为重要的指标衡量用户的黏性，包括次日留存率、七日留存率、日流失率、周流失率等指标。关系到留存率的往往是产品质量、用户质量、用户习惯、用户和产品的匹配性等问题。一个典型的例子就是亚马逊的会员服务，亚马逊在刚推出会员服务时并不被人看好，因为会员年费看起来很难覆盖免费配送的成本。然而，亚马逊的会员制的目标并非售卖会员服务，而是改变用户的购买习惯，提高用户的复购率。

（4）获取收益阶段：企业将用户变现的收入模式有很多种，如应用付费、功能付费、广告收入、流量变现等方式，其中共同的核心问题就是如何提高产品的收益转化效果。可以通过付费率、活跃付费用户数、平均用户收入等指标判断企业在用户付费的渗透率、付费用户规模、产品收益贡献等方面存在的问题，从而采取相应的措施增加用户的付费能力，深化对用户价值的挖掘。

（5）传播推荐阶段：最后一个环节则是推动用户进行病毒式营销，通过老用户的推荐来扩散产品的用户群体。借用马尔科姆·格拉德威尔在《引爆点》中的比喻，流行病爆发需要三个条件：传染物、传染物所需环境、传播传染物的行为。企业可以判断这三个条件是否阻断了用户的传播：产品是否真正解决了用户痛点？用户和潜在用户在哪里？用户为什么要传播这个产品？

基于量价逻辑的收入模型

这种收入模型遵循的是"营收 = 数量（包括增量）× 价格"的规律，这也是以往大部分产品的营收模式。这种数量和价格相乘的逻辑，天然使得产品数量和产品单价成为企业需要评判的两个重要维度。如果企业的收入瓶颈是产品数量的问题，那么销售和生产的规模化将成为改进的方向；如果企业的单价太低导致利润薄弱，那么未来应该考虑如何提高产品的附加值以提高单价。当然，数量和价格并非两个独立的维度，产品的定价与潜在用户规模的匹配和对应关系也应该成为企业考量的重要问题。

基于客户分类的收入模型

不同于前两类收入模型的乘法逻辑，这种基于客户分类的收入模型本质上是不同类别客户价值的累加。基于企业现有客户和目标客户，可以把客户分为若干类别，明确不同类别的客户（如核心客户、常规客户）分别需要提供什么业务，以及这些客户类别可以在给定的周期内或在全生命周期内给企业带来哪些收入机会与价值。通过估算不同客户类别的规模及其带来的平均收入水平，我们可以汇总出总体的收入规模；通过对客户的增量或客户收入来源的扩展，我们可以汇总估算出增量收入的规模。

与此同时，我们也可以通过客户分类来识别为提升收入规模或实现增量收入需要解决的问题和可以采取的关键措施。对不同客户群体进行分析，可以发现不同客户的维系成本及客户支付能力的差异。按照客户维系成本和支付能力可以将客户分为4大类：①高支付能力 + 高维系成本客户，由于此类客户有个性化和定制化需求，导致服务成本较高，那么这时候就需要降低个性化服务的成本，发挥范围经济效应；②高支付能力 + 低维系成本客户，对这类客户，可能需要关注加强客户关系来留住客户；③低支付能力 + 低维系成本客户，这类客户往往注重产品的性价比，企业可以关注改进产品流程、提高产品质量控制的手段；④低支付能力 + 高维系成本客户，这类客户过多可能会使企业盈利受限，企业需要考虑如何将这类客户转化为其他三类客户。

基于以上三种通用的业务收入模型，企业可以进一步判断是否在业务收入上存在瓶颈或提升空间，准确识别问题后，将为后续的数字化转型指明方向。在此基础上，我们还可以通过以下程序来进一步识别关键问题及其背后的影响因子。

程序 1：构建客户（业务）增长模型。

程序 2：分析业务趋势与拐点。

程序 3：按业务性质对客户进行分解（譬如按照渠道、产品类别进行分解）。

程序 4：定义客户标签，由此进行客户分群并识别出高价值客户。

程序 5：选取典型客户进行客户体验路径分析，寻找出问题点并分析其原因。

解决商业模式中存在的核心问题

我们都知道，商业模式已经日益成为企业创造和获取商业价值的有力杠杆。企业可以利用数字化解决方案实现商业模式的转型和优化，保持竞争优势并实现可持续的业务增长。在本小节，我们将从商业模式的三个核心维度——价值创造（value creation）、价值提供（value delivery）、价值获取（value capture）来探讨如何识别商业模式中的核心问题。

价值创造环节

对于企业商业模式设计来说，价值创造是一切的起点，因为商业模式本质上完成的任务是"通过满足需求来实现价值的变现"。因此，我们最核心的问题是：客户最需要的价值是什么？具体而言，企业的价值创造是针对什么样的客户？企业为他们提供什么样的价值？首先，评估企业当前的价值主张，明确企业向客户提供的独特价值是什么，寻找是否有影响企业价值创造能力的新的市场需求或技术趋势。同时，分析竞争对手的价值主张和创新举措，确定自身在价值创造方面是否存在不足或识别可以寻求的机会。其次，通过调研、市场分析和客户反馈，了解客户的需求、偏好和痛点。识别企业是否能够满足客户的实际需求，或者是否存在未被满足的市场需求。企业需要站在客户的视角，体验这些产品和服务所承载和传递的价值，从中找到可以优化和改进的机会。

值得注意的是，价值可以存在于产品或服务本身，也可以存在于产品或服务的创造与提供的整个过程里。通过数字化解决方案，企业可以实现个性化营销、快速响应客户需求、提供更便捷的购物体验。例如，企业可以利用数据分析和人工智能技术，根据客户的偏好和行为推荐个性化的产品与服务。Netflix 是一家全球知名的视频流媒体服务提供商，通过建立一个在线平台和个性化推荐系统，它为用户提供了大量的电影和电视剧内容，并根据用户的兴趣和行为推荐相关内容。这种商业模式的改进使得用户能够根据自己的喜好选择观看内容，并随时随地进行流媒体观看，从而吸引了大量的用户并改变了传统的电视观看方式。Netflix 通过算法技术为客户提供了个性化的产品和服务。我们也可以看见，现在的定制香水体验店售卖的不仅仅是个性化调配的香水，还有客户参与配料选择和香水调配的全过程。商业模式的价值也可以体现在价值创造的过程中。

价值提供环节

价值被塑造与提供过程包含了大量的活动环节，如何提升这个过程的效率、降低成本是至关重要的。从价值提供的两端来看，一方面，企业需要评估业务流程，审视企业的业务流程和价值链，识别其中的瓶颈、低效率或缺失环节，并进一步分析哪些环节可以通过数字化、自动化或数据驱动的优化来提高客户的价值感知；另一方面，企业也可以从优化用户体验入手，通过用户调研、用户行为分析等手段，了解用户在使用企业产品或服务时的体验和需求，识别可能影响用户体验和满意度的问题，如界面设计、功能改进、交付速度等。从价值传递的效率来看，企业可以探索新的交付方式，考虑新兴技术和数字化工具，如移动互联网、物联网等；也探索新的价值提供方式，识别是否存在新的渠道或平台，可以更好地接触和服务目标客户。

数字化可以帮助企业拓展新的市场渠道，增加产品和服务的覆盖范围。企业可以利用电子商务平台、社交媒体、移动应用等数字化渠道，直接接触和吸引更多的潜在客户。例如，通过在线平台和智能手机应用，Uber 提供了便捷的打车服务，并通过动态定价和车辆定位等技术优化了用户的乘车体验。这种商业模式的改进使得用户获得了更高效、便宜的交通服务，也将更多的客户作为服务提供者纳入商业模式内。

价值获取环节

价值获取是企业将提供的产品和服务转化为收入的最后一步，那么收入流的获取就是我们需要关注的主要问题。我们可以采用定价策略评估、收入多元化、优化销售渠道等多种策略。评估企业当前的定价策略，了解其是否能够最大程度地捕捉客户价值，识别其是否存在定价不合理、市场定位模糊或定价模型落后的问题；考虑多元化收入来源的可能性（如订阅模型、许可模型、广告模型等），识别是否存在可以进一步发展的收入模型，以减轻对单一收入获取来源的依赖；评估企业的销售渠道和分销策略，了解其是否能够高效地将产品或服务传达给目标客户，并确保收入的稳定和增长，识别可能存在的渠道短板或机会，如在线销售、电子商务、合作伙伴关系等。

值得强调的是，除了关注企业自身的视角，企业所处的交易链条往往包含多样化的要素以及所需要的资源，企业很难仅凭一己之力在整个交易链条中做到面面俱到。那么这个时候，企业需要思考两个问题：如何充分发挥自身的优势？如何更好地获取和调用外部资源？我们可以从互补资产的视角来思考，从整个交易链条来看，互补资产的存在可以影响焦点产品的性能表现，也可以提高整个价值获取过程的效率。企业需要从互补资产来看价值获取或分割过程中自身的议价能力和控制能力，比如苹果公司与富士康的关系、亚马逊与 UPS 物流运输公司的关系等。针对第二个问题，企业可以构建和利用嵌入的商业生态系统。企业可以通过商业生态系统的构建与合作伙伴进行资源共享和协同创新，利用外部的资源、信息和关系，建立开放性的价值获取模式。

基于流程诊断与优化的目标生成

正如我们在前言中提到的，我们关注的企业在业务流程上具有一定的综合性，需要将数据集成、系统整合和流程优化作为数字化转型成功的基础。业务流程重构（business process reengineering，BPR）是指对企业的核心业务流程进行彻底的重新设计和改造，以实现业务流程的极大改进和效率提升。BPR 的目标是通过彻底改变企业的工作方式、组织结构和信息技术应用，以实现质的飞跃，从而取得显著的业务成果和竞争优势。BPR 兴起于 20 世纪 90 年代初，由管理学家 Michael Hammer 和 James Champy 提出并广泛传播。其核心理念是，传统的增量改进方法无法满足企业在竞争激烈的环境中迅速变化的需求，需要从根本上重新思考和重塑业务流程。

业务流程重构往往具有三个典型特征：

（1）面向业务流程。BPR 关注的是企业的核心业务流程，而不是单个任务或部门。它要求企业重新设计和整合跨部门的流程，以实现更高效的协同工作和资源利用。

（2）创新驱动。BPR 要求企业摒弃传统的工作方式和陈旧的惯例，勇于创新和改变，以实现业务流程的根本性改进。它鼓励企业思考如何重新组织工作、重新分配职责和权限、重新利用技术来实现业务目标。

（3）综合性和系统性。BPR 不仅仅关注流程的自动化或技术层面，还涉及组织结构、人员培训、文化变革等多个方面。它要求企业在整体上重新设计和整合业务流程，以实现全面的效益提升。

我们都知道，企业的价值创造过程本质上是将资源转化为绩效产出，而流程就是这个转换过程的概念性描述。业务流程在企业中的价值可以体现在三个方面：资源转换器效应、活动逻辑与规则、穿透部门墙。

资源转换器效应

从资源的视角来看，业务流程确定了资源的分配方式和流动路径。通过优化业务流程，企业可以确保资源以最有效的方式被分配和利用，从而提高绩效。例如，通过精确的生产计划和供应链管理流程，企业可以避免资源过剩或缺乏的情况，提高生产效率和客户满意度。这种转换器效应的潜在收益主要有三个方面的体现。第一，效率和生产力的提升。业务流程的设计和优化可以提高企业的效率和生产力，从而将有限的资源转化为更多的绩效。通过精细化流程、自动化和协同工作来减少浪费、降低成本、缩短交付周期，可以增加生产效率，提高资源利用效率，并实现更好的绩效结果。第二，质量和可靠性改善。良好的业务流程可以帮助企业提高产品或服务的质量和可靠性，从而带来更好的绩效结果。标准化操作、质量控制和持续改进都有提高产品质量和客户满意度的潜能。通过确保一致性和可靠性，企业可以降低质量问题和客户投诉。第三，创新推动和快速响应。灵活的业务流程可以促进企业创新和迅速适应变化的能力，从而帮助企业实现绩效增长。敏捷的流程和创新的组织结构可以帮助企业激发创造力，快速响应市场需求和变化，增强持续竞争力。

活动逻辑与规则

企业业务流程对企业建立基于明确目标的、清晰的业务活动路径有着非常关键的作用。通过流程梳理，企业可以明确每个环节的活动和责任。企业需要确保流程清晰、简洁，并避免冗余和重复的步骤，为每个流程环节指定明确的角色和责任。这样可以避免责任模糊和任务重叠，提高工作效率和绩效。这种基于流程的规则建立的好处主要有以下几点。第一，统一和标准化。业务流程提供了一种统一和标准化的方式来组织和管理企业的活动。它确保了一致性和规范性，使得不同部门和团队可以遵循相同的流程和规则进行工作，这有助于减少混乱和错误，提高工作效率和质量。第二，效率和优化。良好的业务流程可以提高工作效率和资源利用效率。通过明确定义的流程和规则，企业可以减少重复工作、浪费和瓶颈，从而实现更高的生产力和效益。第三，透明和可追溯。每个环节的流程和规则都被明确定义和记录，使得活动的执行和结果可以更加透明和可追溯。这有助于建立良好的内部控制和风险管理机制，并满足合规性和法规要求。

第四，绩效评估和决策支持。业务流程为管理层提供了决策支持的基础。通过了解业务流程，管理层可以获得对企业活动的全面了解，并从中获取数据和信息来支持决策制定。业务流程提供了一个框架，可以对企业的绩效进行评估和监控。通过明确定义的业务流程，企业可以建立指标和度量标准，以便定期评估绩效，并根据结果采取适当的行动，以确保资源的最佳利用和持续的绩效改进。

穿透部门墙

业务流程确保信息在企业内部的跨部门及在企业外部的跨组织边界的传递和共享。尤其是，良好的业务流程促进跨部门协作和信息共享，有助于优化资源利用和提升绩效。业务流程的梳理可以帮助企业建立跨部门的协作机制、共享平台和沟通渠道来加强团队合作与信息流动的实践。通过打破部门壁垒，企业可以更好地利用资源、协同工作，并实现绩效的协同效应。具体而言，流程梳理和重构对企业内部穿透部门墙的作用可以体现在三个方面。第一，端到端的流程梳理。企业需要全面了解业务流程的端到端过程，并将其绘制成可视化的流程图或流程模型。这有助于识别各个部门之间的依赖关系和交互点，以及可能存在的信息断层或沟通瓶颈。第二，破除职能间障碍。传统企业的组织结构往往以职能部门为中心，导致了各个部门之间的隔离和独立运作。通过流程重构，企业可以打破职能性障碍，重新组织和整合相关的流程环节和部门，以实现更紧密的协作和跨部门协调。第三，促进信息共享和协同。基于企业自身的流程引入协同工具、项目管理软件和内部社交平台等数字化工具，可以实现部门之间实时共享信息、协同处理任务和项目，并加强团队之间的沟通和协作。

因此，业务流程分析的第一个重要功能就是帮助企业进行管理诊断。企业的业务流程贯穿多个业务活动，流程的运作瓶颈和提升空间也可能存在多个。我们可以先找到流程改进的多个目标，然后将目标按照优先级排序，从而明确基于流程优化的目标序列。参考客户服务时间、成本结构、产出效率、能力门槛等指标，我们可以从如下方面来进行管理诊断：

（1）环节诊断。我们可以通过对企业流程效率的评估，分析各个环节的时间、资源消耗、产出和质量等指标，识别出低效、冗余和瓶颈环节，从而确定改进的目标。

（2）传递过程诊断。不仅仅是环节本身可能存在瓶颈，环节与环节之间的连接也可能成为企业流程不够优化的原因，通过流程分析发现流程中的障碍（包括信息传递、环节滞后等问题）。

（3）资源优化诊断。通过分析流程中的资源需求、供应和流动路径，可以确定资源的浪费和不足之处，这使企业能够优化资源分配，确保资源得到最佳利用。譬如，西南航空发现航班延误和取消是航空公司中普遍存在的问题后，开发了自己的航空操作系统，通过实时监控和集中管理航班信息、机组资源和航空器状态等数据，提高了航班调度的效率和准确性，这使得航班能够更好地按时起飞和降落，改善了航班延误和取消的问题。

业务流程分析的第二个重要功能是帮助企业进行数据需求分析，以寻找优化目标。业务流程分析可以揭示数据在业务流程中的关系。通过分析业务流程中数据的流动和使用，可以识别出不同环节之间的数据交互和传递。这有助于确定数据之间的关联性和依赖性，从而为数据需求分析提供更准确和全面的视角。沃尔玛（Walmart）作为全球最大的零售商之一，最早通过数字化转型来优化供应链和库存管理流程。沃尔玛利用物联网技术和传感器，实时监控库存和产品销售情况，以便及时补充货物、减少库存浪费。此外，沃尔玛还利用大数据分析来预测需求、优化定价和改进产品供应，不断地通过数字技术来优化业务流程。

业务流程分析的第三个重要功能是帮助企业进行部门和岗位职责的确

定及其绩效考核。具体来说，企业可以参照以下步骤借用业务流程分析来进行绩效考核体系的构建（尤其是考核指标体系的设计）。第一，确定关键绩效指标。通过业务流程分析，可以确定关键的绩效指标和目标，以衡量业务流程的绩效。根据业务流程中的每个环节和输出，可以识别出关键的绩效指标，如生产效率、质量指标、客户满意度等。这些指标可用于评估绩效和追踪业务流程的改进。第二，量化绩效评估。业务流程分析有助于将绩效评估量化和可衡量化。通过明确定义的业务流程，可以识别出需要收集和分析的数据，并建立绩效评估的指标和度量标准。这使得绩效评估更具客观性和可比性，以便进行有效的绩效比较和改进。第三，识别绩效差距和改进机会。通过对业务流程的分析，可以发现流程中的瓶颈、低效环节和不符合预期的绩效。这有助于识别问题，并确定改进和优化业务流程的机会。第四，绩效追踪和监控。通过业务流程分析，可以确定每个环节的绩效数据收集和监控点，这使得企业能够及时追踪绩效指标，发现绩效波动和变化的原因，并采取相应的纠正措施。

以申通快递为例。创立于1993年的申通快递，截至2022年年末，申通快递全网独立网点4850余家，全国区县级区域网络覆盖率达99.5%，全网服务站点及门店达45 000余家，全年完成快递业务量129.47亿件。在这样的业务规模之下，面对激烈的行业竞争，如何提升工作产能、如何控制成本、如何提升末端服务质量，就成为三个必须解决的关键问题。在数字化基础上实现精细化管理，就成为解决问题的重要手段。例如，对于网点而言，每日到件量、及时送达率是它们最关注的核心指标。在传统的快递操作模式下，网点无法直观地看到当日的工作量，无法高效率地优化人员和车辆安排，大多只能凭借个人经验来安排。在派件环节，包裹派送签收的具体进度也无法监控，无法对派件员给出合适的指导和帮助以提升派件效率。如果遇到"双11"等重要时间节点，仅凭个人经验已经无法应对。为此，企业将转运中心和网点关心的数据统一集成在钉钉端的数据看板上，实现了相关数据的实时更新。工作人员可以在系统中实时查询出港发车、进港卸车、车辆在途、当日到件量、各节点操作情况、第二天的预估量等。各环节负责人就可以根据这些数据进行车辆类型、到场时间、发车时间的安排。此外，企业还需要与客户进行大量客服对接。传统的沟通方式很难保证处理的时效性。典型的像商家要求改地址这个高频场景，以往申通网点客服首先要在 IM 系统中进行确认，然后在系统中查询物流包裹的轨迹，了解当前处于哪个业务环节并进行相应处理——如果包裹在中心或者网点，可以直接发起拦截；如果已经开始派单或已签收，就不能做拦截处理了。最后，再通过 IM 系统反馈此次地址修改的处理结果。在这个过程中，网点业务员需要 2 次 IM 系统会话、6 个步骤、使用 4 个系统，花费 5~8 分钟的时间。在新部署的数字化系统中，通过钉钉客联功能就可以实现智能机器人自动推送——当客户提出了退单或拦截诉求，钉钉机器人将在第一时间自动执行推送任务，精准拦截包裹。将常规的、高频的业务问题进行自动化处理，可以大大提升业务处理效率和客户体验，并极大地释放了一线业务人员的工作时间与精力。⊖

⊖　资料来源：钉钉，《申通：全年超 110 亿件包裹如何用数字化管理？》，2023 年。

第6章

步骤 3:

数字化转型的体系设计

数字化系统设计的核心是技术吗

在进行过数字化系统思考并设立了数字化转型的目标之后，我们可以正式开始数字化转型的体系设计。但在开始之前，我们需要回答的一个关键问题是："什么是数字化系统设计的核心？"由于"数字化"天然的与技术相关联，技术也许是我们脑海里不自觉蹦出来的答案，甚至有人认为数字化转型就是技术意义上的升级。但我们需要清楚的是，企业数字化系统设计的目的是实现业务增长及管理能力和效率的提升，实现组织效率与灵活性的良好平衡。正如我们在第 4.1 节中所强调的，数字技术只是我们在数字化转型中所运用的手段或工具，而非目的。我们可以举一个更为通俗直观的例子，对于一支交响乐团来说，引入更优良的乐器固然重要，但乐器在绝大多数情况下无法成为乐团的核心，更无法引领乐团的发展。又譬如，对于一支急需提升管乐声部质量的交响乐团来说，铜管乐器便是它们需要考量更换的设备，而拥有更高品质的小提琴在此情形下并非问题的关键。

事实上，在商业的世界里，错把手段当目的的案例并不少见。伊士曼柯达公司（Eastman Kodak Company，简称"柯达"）的没落便是一个典型的例子。1881 年创立的柯达在长达百年的时间内在影像产品及相关服务领域内占据统治地位，但于 2012 年跌入深渊并提交破产保护计划。许多人将柯达的失败归因于技术上的故步自封、对数码技术的不敏感等。事实上，柯达失败的真正原因或许正好相反，它的失败正是一味追求技术、忽略了战略而导致的结果。柯达在 1975 年就已经由工程师史蒂夫·萨森（Steve Sasson）成功研发出世界上第一台数码相机，在产品层面、组织变革和战略层面也都一直非常重视数字化，并在 2003 年宣布"全力进军数码领域"，以技术为核心进行转型，力图成为掌握最新数码技术的企业，甚至完全放弃曾赖以生存的传统感光材料业务。但结果正如我们所见，柯达的辉煌如今只能在旧时照片中才能找到一些时光中留下的印记。

富士胶卷的成功在一定程度上揭示了柯达失败的原因。2004 年左右，面对数码相机的冲击，同为感光领域领跑者的富士与柯达站在了同一个十字路口。与柯达不同的是，富士并未舍弃其核心技术——感光材料成像，而是面对日新月异的市场需求，对组织内核心技术再开发，发明了保持胶卷不褪色的技术。依赖于自身核心技术的转型升级，富士至今仍活跃在相关业务领域内。

C. K. Prahalad 和 Gary Hamel 在《哈佛商业评论》上发表的《公司的核心竞争力》一文中这样指出："企业就好比一棵大树，树干和大树枝是核心产品，较纤细的树枝是业务单元，树叶、花与果实则是终端产品。起稳定作用的根系，才是公司的战略核心。"类似地，技术便好似为大树提供养分的肥料，企业在寻求通过数字化转型带来生机、活力时，应围绕大树的根系（战略）选择相应的肥料（技术），才能保持旺盛的生命力。

事实上，真正的数字化企业并不只是依靠新技术取得成功。正如时任华为副董事长、轮值董事长的孟晚舟在华为第 20 届全球分析师大会上所述："成功的数字化转型都是由战略驱动，而非技术驱动。"企业文化、战略和运营方式才是令数字化企业脱颖而出、拥有持续竞争优势的关键所在。数字化企业会不断努力，通过更敏捷的业务流程、数字化平台、分析

⊖　资料来源：《哈佛商业评论》官网，《柯达 Lois Lebegue：创新不应远离核心价值观》，2015 年。

⊜　PRAHALAD C K, HAMEL G. The core competence of the corporation[J]. Harvard business review, 1990, 68(3): 275-292.

⊜　资料来源：百度，《华为孟晚舟：成功的数字化转型都是由战略驱动，而非技术驱动》，2023 年。

工具和协作能力来提高生产效率，从而实现新的、更加精干敏捷的运营模式和数字化业务模式。

由此，我们可以知道的是，数字化转型的核心是战略引导下的业务增长，而非技术。与之相关联的另一个问题便是"哪个部门应当承担牵头数字化转型的任务"。

很多企业自然地把承担、推进数字化转型的重任交给信息技术部门，并由首席信息官（CIO）牵头。德勤发布的《2016 全球数字化工调查》显示，在收集了超过 50 家化工企业 102 名高管的意见后发现，目前在许多化工企业中，负责数字化转型的仍然是信息技术部门。由于技术的复杂性和网络安全的重要性等，信息技术部门通常在企业内部承担了数字化活动推动者的角色。不可否认，信息技术部门是与数字技术最相关的部门，也是看似最适合负责数字化转型的部门，但如此一来也可能存在潜在的问题。这是因为信息技术部门掌握了信息技术，但通常对于业务工作的细节缺少深入的理解。例如，一家传统制造业的信息技术部门只掌握了企业在生产经营过程中的相关运营数据，而对于这些数据背后所对应的具体业务细节、客户或供应商的具体需求以及行为等并没有直观的认识，因此仅仅依靠信息技术部门无法完成企业数字化转型过程中所需要的一系列工作。这也是《哈佛商业评论》所归纳的企业数字化转型过程中容易掉入的五大陷阱之一——组织陷阱。[⊖]

至此，我们可以给企业数字化体系设计设定最基础的导向：以战略为核心，重视业务与数字技术之间的融合，以及跨部门和跨组织边界的整合。

⊖ 《哈佛商业评论》于 2018 年与清华大学全球产业研究院副院长李东红所在机构合作，对中国企业的数字化转型进行深入调研。调研的重要成果之一便是挖掘出中国企业在数字化转型过程中容易掉入的五大陷阱：战略陷阱、组织陷阱、工具陷阱、治理陷阱和业绩陷阱。

业务-管理-IT的集成

在企业数字化系统的设计与构建上，业务始终占据着极其重要的位置。正如之前我们所强调的，数字化系统本身并不是数字化转型的目的，而是支撑企业成为真正的数字化企业所需要的手段。并且从长远来看，数字化系统的构建和组织的数字化转型是需要消耗一定数量的企业资源的，作为一项投资，它是否能够为企业带来足够的回报，在很大程度上依赖于业务的效率提升和规模增长。这也是为什么业务运营的优化与数字化系统的设计之间存在着极其密切的关联。根据埃森哲（中国）有限公司与国家工业信息安全发展研究中心联合发布的《2023 中国企业数字化转型指数》报告，优化运营被认为是目前中国企业数字化转型的核心议题（见图6-1）。

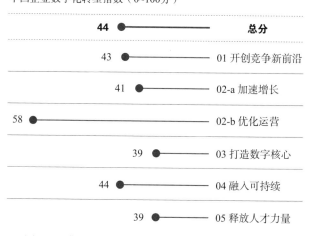

图6-1　《2023中国企业数字化转型指数》报告内容

数字化转型需要以业务为导向，以战略为核心，并辅以适宜的 IT（信息技术）支撑。因此，数字化的体系事实上是集业务、管理和 IT 于一体的复杂系统。我们可以接着思考第 6.1 节中的问题"哪个部门应当承担牵头数字化转型的任务"，鉴于数字化转型的复杂性，我们的答案是现有的成熟的组织架构中没有一个部门适合单独承担推进数字化转型的工作。企业需要建立起专门从事数字化转型的部门，并由高层管理人员牵头交由专业人员组成的团队来负责。新设立的部门或团队要求成员需要懂业务、懂管理、懂信息技术，重视业务 - 管理 - IT 的集成，以便推动企业全要素的数字化以实现业务增长战略。本书的第 9.2 节会对此问题做进一步的讨论。

业务是企业运营之根本，主要指的是将产品或服务卖给客户；管理是通过实施计划、组织、领导、协调、控制等流程来协调活动，使组织内的所有人一起实现既定目标的活动过程；而 IT 则是利用数字技术和数据资源构建业务和管理系统所需要的支持性技术。我们知道对于单个企业而言，管理的目标是高效完成业务活动，根据不同的发展阶段、所处区域、企业愿景等，管理方式存在着差异性，因此不存在绝对的先进管理方式，更关键的是管理方式与业务的适配性。类似地，技术与业务也是不可分割的整体，能否为客户提供某项业务很大程度上取决于企业所掌握的技术基础。由此可见，管理和 IT 的落脚点都在业务，脱离业务，再先进的管理方式和技术都是无本之木、无源之水，实现业务 - 管理 - IT 的集成才能最大程度地发挥数字化转型的价值。

简单来看，我们可以把企业的运营想象成一次赛车比赛：业务是企业的目标，就像是汽车所开往的终点；先进的 IT 可以看作具有更高性能的赛车（如高功率的发动机）；而管理的重要作用之一便是有效地利用资源，正如一个驾驶员的驾驶技术。我们很容易理解，一辆性能良好的赛车固然可以帮助车手获得更好的成绩，但熟练的驾驶技巧和向既定终点的全力冲刺也是赢得比赛不可缺少的因素。

数字中台的构建

"中台"的由来最早也许可以追溯到东汉时期，彼时，尚书台是政府的中枢（又称中台）；而在唐朝时期的三省六部制体系下，尚书省为中台，作为执行机构，辖吏、户、礼、兵、刑、工六部，以求建立起强大的指挥系统充分调动各部资源，实现六部协同运作。现如今的企业将这一思想运用到了管理体系的设计当中。许多人对现代企业管理体系下中台概念的了解也许来自阿里巴巴集团在 2016 年提出的"大中台、小前台"战略。⊖ 阿里巴巴团队对中台的定义是："中台架构将企业的核心能力随着业务的不断发展以数字化形式沉淀到平台，形成以服务为中心，由业务中台和数据中台构建的数据闭环运转的运营体系，供企业更高效地进行业务探索和创新，以数字化资产的形态构建企业核心差异化竞争力。"

数字中台在构成上涵盖了组织中台、数据中台和业务中台三个层面。组织中台通常由财务、人力、战略等部门向前台派出的业务伙伴组成，主要用于解决内部管理规则稳定性与市场快速变化之间的矛盾。俗话说"无规矩不成方圆"，企业的正常运行依赖于稳定的管理规则，但如今外部环境存在易变性、不确定性、复杂性和模糊性，一线的业务也总是处在变化当中，标准化的管理规则会天然排斥新业务，难以满足前台的需求，且提升了协调成本。而组织中台的设立可以有效、灵活地配置财务、人力和战

⊖ 钟华. 企业 IT 架构转型之道：阿里巴巴中台战略思想与架构实战 [M]. 北京：机械工业出版社，2017.

略资源，充当前后台之间"在节奏上的调节匹配器"。

数据中台的核心就是构建一个共享数据服务体系，提取各个业务的数据，统一标准和口径，通过数据计算和加工为用户提供数据服务。数据中台战略的形成最初始于企业对"数据孤岛"问题的苦恼。"数据孤岛"主要指的是企业在针对不同业务线中的相似业务通常易于定制开发相似的功能，使得不同业务线的相似功能的数据天然隔离，抑或是在针对不同业务线中的相似业务定制开发相似的功能过程中，没有对数据模型做出统一标准要求，上线后产生的业务数据字段的格式不一致，导致数据无法为其他部门所用。而数字中台将数据加工以后封装成一个公共的数据产品或服务，提供给相应业务单元使用，打破了不同业务单元或部门间无形的墙，在"数据孤岛"上架起了一座座互联互通的桥梁。

业务中台是以业务领域划分边界，形成高内聚、低耦合的面向业务领域的能力中心，具备业务属性并支持多种业务属性的共性能力组织，有助于业务运转过程中对共性能力的复用和沉淀。例如，支撑业务前台的用户中心、商品中心和交易中心等。随着组织业务的增长和范围的扩展，各个业务部门为了支撑业务的管理和运营，需要独立开发相应的业务系统，虽然可以通过此方式维系正常的运作，但从企业的视角来看，企业的资源和能力被隔离在不同的业务单元内部，这些资源和能力无法跨业务使用，造成"重复造轮子"的问题，也无法相互赋能以实现能力的提升。业务中台将不同的能力分类封装成不同类别的能力中心，以共享的形式提供给各业务部门使用，既满足了不同业务的需求，又避免了"重复造轮子"的问题。

如今，"数字中台"已经成为商业世界中各行各业讨论的高频词汇，通过搭建数字中台提升组织效率的案例也并非仅仅存在于互联网行业当中。阿里云联手浙江省交通运输厅打造浙江省智慧高速中心系统便是一个例子。在《数字交通发展规划纲要》等重要文件发布的政策背景，以及取消全国高速公路省界收费站的市场背景下，高速公路系统的计算环境服务差、行业知识库缺乏和计算分析能力弱等问题亟待解决，阿里云通过构建交通数据中台为浙江交通的多样性业务提供多元算力支撑，提供从交通信息接入到应用的全链路智能数字构建与管理能力，有效提升了浙江高速公路系统的业务能力。[○]

管理视角的IT系统设计

IT 作为数字化转型的重要手段，其系统设计也是重要模块之一，涵盖软件、硬件和数据三个方面。正如本书中一再强调的，对于数字化转型而言，IT 是手段而非目的，因此 IT 系统的设计不能依赖于技术的牵引，而应从管理视角出发让 IT 系统服务于组织战略。管理视角下的 IT 系统设计需要重视三方面的问题。

第一个问题是投资收益比。企业在 IT 部门投入的资源具有一定的专用性，无法为其他部门所用，也难以在短时间内取得收益，因此长久以来，IT 部门的投资面临着长短期收益的平衡问题。一个典型的例子便是 Kmart。2000 年，在沃尔玛（Walmart）和塔吉特（Target）的前后夹击之下，Kmart 的市场份额急速下滑，Kmart 当机立断投入 14 亿美元打造 IT 现代化项目，以期实现市场份额的提升。但巨额费用以及在短期内的低回报使得已式微的 Kmart 彻底跌入深渊。[○] 因此，一方面，企业在考虑面向未来的技术的投资的同时，也需要考虑到 IT 系统的投入与现

○ 资料来源：阿里云开发者社区。

○ 资料来源：《哈佛商业评论》官网，《IT 项目风险之大远超你想象》，2017 年。

有部门业务需求的有效融合，以削减运营成本并提升获得短期收益的可能性。

第二个问题是 IT 系统的可拓展性。我们知道，由于外部环境的快速变化以及管理人员的有限理性，IT 系统的设计不会一蹴而就，而是一个不断迭代演化的过程，不具备可拓展性的 IT 系统将会极大提升固定成本和沉没成本，加重企业的财务负担。我们可以再回到 Kmart 的例子，Kmart 在 2000 年投入 14 亿美元启动 IT 现代化项目之后，由于系统的低兼容性，定制化的新系统维护成本非常高，Kmart 不得已又耗资 6 亿美元打造了另一个项目，专门负责为该 IT 现代化项目更新供应链管理软件。从某种程度上来说，这直接导致了 Kmart 在财政上的不堪重负，并导致其在 2002 年提交破产申请。本该成为企业救命稻草的 IT 项目反而成为企业发展的资源黑洞，这一教训不可谓不深刻。那么企业该如何保持 IT 系统的可拓展性？大型国有企业中石油的成功案例也许给我们提供了答案。为组建一个涵盖商品推荐、购买、售后等众多复杂模块的大型 IT 系统，中石油耗费了大量财力、物力和人力，但在该系统上线之后却出现了运行不稳定、具有安全风险等问题。优化这些问题涉及的开发量巨大，但中石油却在短短 45 天内仅仅投入 9 人便完成了系统的优化和重新上线。完成这一任务的关键便在于系统内嵌入的 SoFlu 软件机器人，SoFlu 为系统开发了可视化接口，可以最大限度贴合业务需求、有的放矢地开发业务功能，并打通了开发、测试和运维三大平台，避免了人工编码带来的时间成本和质量问题，降低了系统维护的难度。因此，IT 系统的设计需要保持一定的兼容性，以保证后续的维护简单便捷、低成本。这一问题可以通过技术和模块

㊀ 资料来源：《哈佛商业评论》官网，《IT 项目风险之大远超你想象》，2017 年。
㊁ 资料来源：中国日报中文网，《系统重构难？ SoFlu 软件机器人助力中石油低成本高效完成商城重构》，2022 年。

化两个角度来解决。具体来说，企业在设计 IT 系统时，要保证数据的可迁移性，并将复杂的系统模块化，预留相关接口；在更新数字化系统的时候，可以借助一些 IT 手段来实现数据在可控成本下的高效率迁移，解决已有系统模块的可扩展性。

第三个问题是 IT 系统的设计需要满足企业业务战略维度的数据需求，并避免带来新的"数据孤岛"。在数字化热潮出现之后，企业逐渐意识到数据的重要性，基于部门所配置的 IT 生成了大量与业务战略无关的数据，造成了资源的浪费。甚至在一些情况下，各个业务部门开始抢夺数据，把数据牢牢握在自己手中并阻隔其他部门使用，人为创造了大量"数据孤岛"。[⊖]事实上，数据的价值在于使用它得到可供借鉴或预测的效果，最终实现业务有效性和效率的提升，脱离了业务和管理应用的数据是难以真正产生价值的。造成这一问题的原因在于企业没能很好地划分职能边界，缺乏跨越组织边界的数据收集、传递和使用机制，以及将数字化系统模块组件集成为可复用能力的技能，使得"重复造轮子"和"数据孤岛"的问题一直无法从根源上解决。

建立企业资源的数字化地图

传统的企业资源大体可以分为人（信息流）、财（资金流）、物（物流）三个方面。虽然几乎所有的企业都已建立起相关的资源管理功能，但值得注意的是，传统的资源管理方式主要服务于基于职能的业务活动，并且更偏向于有形资产，对于企业视角下跨职能的资源还未建立起有效的管

⊖ 资料来源：清华大学全球产业研究院官网，《李东红，数字化转型中的五大陷阱》，2019 年。

理方式，并且对于无形资产、服务能力、数据等的管理效率相对欠缺。我们可以设想一个简单的场景，当某部门想要召开小型讨论会而发现本部门的会议室已无空闲时，想要借用其他部门的会议室并非易事，即使许多部门的会议室是空闲状态；类似地，许多部门经常需要花费诸多精力和成本才能在某个角落找到尘封多年的数据。这在极大程度上导致了资源的浪费，在企业内形成了一座座"资源孤岛"。

因此，建立企业资源的数字化地图，让资源像空气一样漂浮在企业上空，实现高效率的共享和真正的"即插即用"是数字化转型的一项重要目标。根据自然资源部的定义，地图根据一定的数学法则，使用特定语言，将地球上的自然和人文现象通过制图综合，缩小反映在平面上，以反映各种现象的空间分布、组合、联系、数量和质量特征及其在时间中的发展变化。而企业资源的数字化地图则将企业的资源通过数字化手段抽象化、符号化，反映在数字系统当中，任何有权限的个人或部门都可以以最快的速度查询和使用。建立企业资源的数字化地图能为企业带来如下优势。

首先，德国著名软件公司思爱普（SAP）在 2016 年发布的白皮书《设计思维与数字化转型》中提到，技术的作用并非取代原有资源（如人力资源等），而是帮助原有资源发挥更大的价值。企业资源的数字化地图便是这样一个帮助企业实现高效率资源共享与配置的赋能杠杆。现如今，许多企业部门之间非业务的沟通交流较少，甚至出现众多部门抢夺资源并牢牢抓在手里拒绝共享的情况。我们知道，场景决定需求，资源只有在合适的地方才能发挥最大的优势，对于不懂业务的部门来说，掌握了核心业务数据也无法使其发挥价值。对于组织来说，如若每个业务部门都握着本部门资源，能达到的数字化转型程度是非常有限的。这也会人为地增加部门间有效资源识别的壁垒，例如，某部门在遇到问题时难以知晓企业内谁擅长解决此类问题。企业资源的数字化地图可以增强部门间资源的可见性及透明度，使各部门在遇到问题时可以在最短时间内匹配和调用相关资源。中联重科推出的移动终端报修应用便是企业资源地图的一种体现方式。为了提升管理的可控性和透明度，中联重科开发的移动终端报修应用将呼叫中心与所有售后服务人员和销售人员的手机连接起来，使得中心后台能够看到全国各个区域所有员工的实时位置。当有顾客需要时，呼叫中心能第一时间通知离客户最近的相关工作人员前往解决，在服务过程中遇到难以解决的问题时也能及时反馈到后台交由专家处理，实时给出反馈。⊖

　　同时，在传统管理模式下，地理距离是影响企业经营成本的重要因素，这不仅体现在物理产品的跨区域运输上，也体现在企业内跨区域的协调成本（例如区域分公司遇到的技术难题需要总部派专人前往解决）上，而这往往耗费大量的时间和精力。数字技术由于其复制成本低、传输效率快，可以实现低成本跨地域的远程传输。然而，在现实的管理实践当中，一些数字资源由于各种原因被"封装"在各个部门，无法真正实现数字技术的价值。通过数据资源的调用和集成，以及将业务能力或数据分析能力封装在算法及数字化系统中成为可重复调用的能力，企业资源的数字化地图叠加资源的系统集成能力可以有效解决这一问题。通过搭建云端平台，各部门可以便捷地调用跨地域的服务资源和计算能力，真正将数字资源的价值最大化。以浙江省于 2021 年发布的"一体化数字资源系统"为例，浙江省在全省范围内对信息化基础设施、公共数据、应用系统、算法组件等数字资源进行全面普查之后，形成了全省数字资源的智能化地图，通过该地图，全省各地各部门可以一站式浏览、查找和获取全省数字资源，并

⊖　资料来源："哈佛商业评论"微信公众号，《中联重科：让 IT 部门也赚钱》，2015 年。

且各地、各区域的创新或特色应用在系统上实时更新，实现了跨部门、跨地区、跨层级的高效资源共享。[注]

建立企业的数字化能力基础

要想将企业转化成一个数字化的业务与管理系统，企业需要建立相应的能力基础。这些能力基础既包含基于数字技术的数字化系统构建能力基础，也包含实现数据驱动的业务运营所需要的相关能力基础。具体而言，随着数字技术的普及，每家企业都掌握着海量的数据，而如何从这些数据中发掘最大价值是衡量企业数字化能力的重要标准。有研究指出，企业大部分的数据都未能得到有效利用，却需要耗费大量成本来存储，而且这些数据通常分散在多个数据库中，增加了企业利用的难度。由此我们不难发现，如今企业普遍面临的问题并不是数据的缺失，而是如何在需要的时候及时调用相关资源和能力。

为实现即时调用相关资源和能力，企业首先需要解决的便是将有用的信息加以提取和处理，即培养数据分析能力。随着数字技术的快速发展，企业面临着更为复杂的挑战，例如现在的无线传感器已经具备大规模并行处理的能力，收集的数据复杂度高、速度快、容量大，造价也呈下降趋势。当代企业不仅局限于通过数据了解知识或衍生出应用，面对大容量、高复杂度的数据，过去单一维度的数据分析能力已经无法满足当前的数据结构，如若未能培养出适配的数据处理能力，大量数据信息最终将沦为"数字垃圾"。这意味着强大的数据分析能力已成为当代企业需要具备的重要能力。

⊖　资料来源：浙江省人民政府新闻办公室。

其次，具备数据分析能力之后需要解决的另一个问题是如何达到高效率的能力复用，即满足数字化建设过程中遇到的共性需求处理的能力。仅仅具备数据分析能力可能导致的一种后果便是"重复造轮子"，组织每次在面临相似问题时都要经历一整个"从0到1"的分析过程，由此造成大量的资源浪费。因此，对共性需求的识别、在此基础上对共性需求处理能力的模块化封装，以及建立起标准化的处理系统或工具化产品，是组织需要具备的一种重要的数字化能力基础。封装能力需要同时满足两个看似相悖的条件，一方面，这些被封装的能力需要具备效率，即当组织由于某个具体任务调用某项能力时，任务与能力之间的适配度需要达到一定的门槛，否则与"重复造轮子"并无太大差异。另一方面，这些被封装的能力也需要具备一定的柔性，即尽可能与更多的业务或任务相匹配。算法是解决这一悖论问题的利器。我们知道，算法的重要特点之一便是利用已有数据在稍有差异的情境中做预测，它能以惊人的速度和准确度完成超大规模的分析过程。因此，组织可以基于算法分析预测共性模块，并将共性能力进行封装，这也是组织需要培养的另一项数字化能力基础。作为一家"灯塔工厂"，施耐德电气无锡工厂借助数字化赋能，有效地降低了空调系统的能源消耗。其安装的楼宇节能盒将运维知识和运维人员的主动操作全部转变为数字化操作，依据内外部的温度感知，优化设备运行策略和运行参数，直接将指令下达至系统，让空调设施可以预测性地升温或降温，既降低了对运维人员的依赖性，也提升了冷机和末端风口的效率。

高效利用数字技术来优化流程也是组织在数字化过程中受到大量关注的环节。值得注意的是，许多企业热衷于学习先进的技术，模仿成功企业的组织架构和业务流程，但却忽略了以客户为导向。彼得·德鲁克曾说过："满足客户的需求是每一个企业的使命和宗旨。"这本是一个不言而喻的道理，但是在数字化转型的进程中却有不少企业迷失，一味地追求先进的数字技术，忽略了客户体验的意义和作用。事实上，流程的本质即一系列共同给客户创造价值的相互关联活动所形成的过程，因而流程的优化也应当源自实际的客户需求，这也就意味着数字技术需要与具体的业务紧密融合。但是，技术与业务的融合并非简单的让技术人员下沉到业务场景，也非所有的业务部门人员都去学习数字技术，而是搭建数字技术与业务之间的桥梁，例如业务部门和技术部门分别选派骨干组建融合团队，全程参与数字化转型过程。同时需要注意的是，传统视角下的企业通常只专注于一个领域或行业的客户需求，但数字化企业边界相较以往更为模糊，需要关注更多其他领域的客户需求以开发新增长点。

此外，为了支持数字化系统在组织内的有效应用，组织需要提升管理效率，以敏捷的管理方式适配数字化运营，使组织间及各部门之间的沟通协作更为高效。实现高效的跨部门协作首先需要统一部门间的目标，围绕企业目标形成各部门的作战地图，并可以采用诸如共享 KPI 等方式避免"各自为战"；然后以"有效产出"为理念，为每一个部门找到"内部客户"，使得每一个节点上的部门都有明确的有效产出；同时组织架构也需要随之改变，包括企业的管理层和普通员工都应接受企业的数字化转型，例如采用数字化的组织结构设计思路，使组织扁平化，最大限度提升各部门协作效率，发挥数字化的价值。

第 7 章

步骤 4：

内部数字化系统——
数据与系统集成的魔术师

数据的应用场景

"数据"作为一种特殊的资源或者要素,在商业世界里正扮演着日益重要的角色。国家财政部 2023 年 8 月 1 日印发了《企业数据资源相关会计处理暂行规定》(2024 年 1 月 1 日起施行),这标志着数据资源在企业业务活动中已经成为管理者需要关注的重要内容。从企业数字化转型实践来看,"数据"在数字化系统中具有非常关键的作用,我们可以从管理决策(managerial decision)、业务运营(business operation)、组织协同(organizational synergy)三个方面来理解数据最为典型的应用场景。

管理者每天都需要做大量的管理决策。这些管理决策将会成为组织行动的基础,决策的质量将会在很大程度上影响到组织的绩效。毫无疑问,管理者的决策高度依赖于实时获取的大量的、高质量的信息;而数字化系统则通过将数据分析和人工智能应用于一系列数据,以产生新的洞见并帮助组织来优化决策。[○] 进一步地,我们可以把管理决策情境细分为三个关键场景:

(1)识别趋势。管理决策者需要对组织环境(尤其是外部环境,如市场走向、竞争动向、客户需求变化等)所发生的变化进行判断,并通过抓住机会、应对威胁等方式来追求更好的组织绩效结果。

(2)经验归纳。管理者需要通过对过往经验的归纳来建立一些决策规则,进而改进或提升自身的决策效率和有效性。然而,由于管理者所面对的决策问题很多都是非结构化的问题(也就是很难用简单的规则来

○ 艾家瑞(Karel Eloot,麦肯锡公司全球资深董事合伙人),《制造业数字化转型取得成功的六大因素》,2018 年。

描述因素与结果之间的关系），情境因素（或可采取的行动）与结果之间
也存在着较高程度的因果模糊性，这就导致了没有大量的数据来支撑归
纳和交叉验证的过程，纯粹依赖于直觉和经验很难真正达到提升决策能
力的目的。

（3）解决问题。没有任何一个组织不存在问题，关键在于如何去有效
地解决这些问题并避免这些问题的重复发生。而要实现这一点，就需要对
问题的成因进行准确的识别。我们知道，管理决策通常都会有典型的多目
标决策特征，也就是组织需要同步追求多个结果导向的目标，并且这多个
目标之间存在着不同程度的相互关联（替代关系或互补关系）。与此同时，
很多管理问题的背后都是"多因多果"的，也就是说，一个管理问题可能
存在多个造成它的原因，而一个特定的因素可能会带来多方面的管理问
题；并且，许多影响同一个结果的因素可能并不在一个层面上。在此情形
下，当问题发生的时候，识别问题的成因（尤其是根因）需要基于大量的
数据，并结合管理者的直觉和经验来进行判断和检验。

在业务运营方面，通过连接客户、资产、产品和员工，企业可以获取
大量的数据，并在此基础上完成从数据到洞察、再从洞察到行动的过程，
这也意味着更多的数据分析和更多的学习过程。⊖对于数字化企业而言，
由于数据在业务运营中扮演着越来越重要的角色，我们常常会强调所谓的
"数据驱动的（data-driven）"业务运营。⊖如果从一个抽象的角度来理解所
涉及的活动之间在顺序与逻辑上的关系，我们可以用"刻画""洞察""预

⊖ 微软公司，《数字化转型：通往成功的七个步骤》。
⊖ 在这里我们需要说明的是，在上述关于管理决策的讨论中，我们强调了管理者的"决
策"性质，而事实上，在业务运营当中也会发生大量的决策，这些决策也会带有类似
的特点。只不过，我们对于管理决策，更强调它关于"战略的全局性质"或者是与
"组织中的人"有关的属性；而对于业务运营，我们更强调"业务"本身的专业化属性、
活动及活动结果的导向。

测""创造"来描述（见图 7-1）。

图7-1　业务运营抽象过程

"刻画"意味着我们需要用数据来帮助我们理解"发生了什么"，这是我们采取有效行动的基础。只有当我们能够实时地获取关于客户、产品、员工、资产、工作任务的状态及其变化的相关信息的时候，我们才能知道在实现业务运营目标的过程中是否偏离了预设的目标，才能为理解客户需求、创造价值提供必要的信息基础。以 Rolls-Royce 为例，通过数字化系统的支撑，Rolls-Royce 可以在任何时候对全球 13 000 台处于运转状态的飞机发动机进行远程监控，了解这些发动机的状态、"健康"程度、飞行目的地等，并可以在必要的时候采取一些行动。甚至于，Rolls-Royce 可以实时了解发动机所有部件的当前状况及它们的剩余寿命，并在发动机需要维护的时候通过系统直接将相关指令及详细信息（包括备品备件的可得性信息）发送给在机场的工程师。Rolls-Royce 通过为它的航空公司客户提供数字驱动的服务，帮助客户对 70% 的客户总运营成本（包括燃料管理）进行影响。由此，Rolls-Royce 的商业模式得以重构，从销售飞机发动机转变为销售所提供的服务（selling "power by the hour"）。

在这里，尤其值得指出的是，借助于数字化系统的支撑，企业可以更高效率地、更为实时地将业务和管理活动中的一些问题或异常以可见性较高的方式呈现出来。我们知道，问题或异常状态的出现以及被发现，是我们采取相应应对行动的起点。在数字化系统被大量使用之前，我们常常面对的一个难题就是问题被人们发现往往是在问题发生之后较长的一段时间，或者说问题的暴露与问题的发生之间是存在着明显的滞后期的，这既会使我们在识别问题的成因上更为困难，也会使我们错过一些问题处理的最佳时机，或者使问题处理的成本变大。在施耐德电气上海工厂里，生产线上发生的许多问题都会借助数字化系统第一时间被识别出来并且以醒目的方式提示相关人员。在一些情况下，即使我们未必知晓所发生的情况是不是一个所谓的"问题"，我们依然可以通过与历史数据的比较，很快地意识到异常情况的发生，并由此触发审查和问题确认活动。例如，当工厂管理人员发现工厂绿化带区域耗水量出现异常，显著地高于平时的用水量，虽然并不知道具体原因，但已经可以判定这存在着潜在问题，而如果这种异常连续发生两三天，那就可以确定问题已经正在发生了，并可以由此通过数字化系统进一步缩小问题发生的区域范围。与此同时，我们也会发现有一些问题之所以解决缓慢，可能并非由于人们没有察觉这些问题的发生，而是因为他们在解决问题上没有足够的压力，而他们的上级管理者则可能不知晓问题的发生，从而无法有效地监督问题的解决进程。如今，运用数字化系统已经可以很好地解决此类问题，工厂内部问题的透明化系统分为 5 个层级，当员工接收到数字化系统关于问题或异常的信息，他们需要在事先设定的时间之内做出响应并解决问题。如果在这个给定的时间内未能解决问题，系统会自动将问题报告给更高一个层级，进而引发其关注并监控问题的解决过程及结果。这样的过程会随着问题的时间持续逐级上报，一直到问题被解决或被上报到最高层级的管理者为止。

　　"洞察" 意味着我们需要从数据中挖掘出背后的含义，由此理解现象、趋势 "为什么会发生"。例如，浙江大学根据以往的学生校园餐均消费和用餐次数等数据建立了一个待资助学生用餐数据基准范围，每个小学期由浙大学工部联动各院系、信息技术中心等相关部门，依托大数据分析筛选出待资助同学名单，然后再结合院系的定性分析及核实反馈，精准识别出符合发放条件的最终学生名单。在此基础上，不需要学生自己提出申请或者做任何操作，学校会"悄悄"给需要帮助的学生把资助金额打入就餐卡。实际上，国内已经有很多高校在数字技术的支撑下进行这种数据驱动式的精准隐形资助，例如中国科学技术大学、武汉大学、中国矿业大学、南京邮电大学等。[⊖]

考虑到对市场需求的理解是商业活动的关键起点，典型的，我们常常可以用大数据驱动的方式去挖掘需求机会。这包含了两种做法：一种是基于数据建立起有关目标或结果的因果模型，从而通过控制或影响因素来获得预期的结果；另一种则是不对市场进行猜测，而是基于数据给出多种备选选项，然后通过基于数据、直觉或经验混合的模式来进行筛选，进而通过预售等方式迅速确定较为准确的市场需求。例如，某雨伞工厂通过数据驱动的方式加上高度的生产柔性，来改变以往的产品设计与销售模式。之前工厂在做新款产品的时候，通常由客户给出产品设计的参数，客户拥有产品设计的绝对话语权，在工厂做出样品后，客户进行下单并试销。当遇到市场销售不好的时候，大部分产品就被积压在工厂的仓库里了。即使工厂一年当中做了很多新款，但仍然可能存在低销量产品，这样累计的滞销产品在数量上是不低的。而如果工厂不做新款的尝试，只生产常规雨伞产品，又容易陷入同质化竞争。对比之下，基于数字化系统的支撑，工厂的大数据平台可以给出新款产品的需求方向，工厂则可以在这个需求信息基础上在很短的时间内设计出多个款型，经过内部讨论后留下 10 款交由工厂店对比大数据进行审核，之后快速制作实物样

⊖　资料来源：《钱江晚报》。

品，在 1 天内交由专业摄影公司拍出照片并由专业美工设计好图片提交系统上线。[⊖]

"预测" 则涉及对现在时间点之后的趋势进行判断甚至进行更为精确的数量估计，即对"接下来会发生什么"给出有关的答案。对于那些变化非常迅速的行业或业务领域，预测变得越来越重要，并且也越来越依赖于数据驱动的模式。以一家承接外贸订单的彩妆工厂店为例。我们知道，彩妆行业的潮流变化是非常迅速的，这就要求企业整个的运营节奏必须能够跟上快速的市场需求变化。而以往外贸通常采取提前 3～6 个月的"购定销"的业务模式，订单都是提前很长时间就被确定的，而且在此过程中无法修改。与此同时，这种销售模式下的外贸工厂与最终客户之间是隔开的，工厂本身对客户的满意度是没有直接的感知能力的。而在新的数字化运营模式下，工厂店的销售数据可以实时地回传给工厂，工厂可以依据这些数据来进行短周期的需求预测并安排生产产能。工厂还可以根据平台上的客户反馈信息和国内消费偏好等实时数据，针对性地开展产品研发和产品改进。在此模式下，生产商运营的速度和灵活性大幅提升，大大缩短了从产品决策到上线销售的时间，从而显著减少了因市场变化和销量预估不准而带来的经营风险。又例如在公共服务领域，我们可以通过数据分析建立起一些模型，以预测哪些驾车的人会有更高的交通事故风险，从而有针对性地在这些人使用一些视频或新闻应用的时候向他们推送一些关于交通事故警示的视频、新闻，进而降低交通事故的发生概率。类似地，我们也可以在反诈骗领域采取类似的方式建立预测模型，进而帮助那些被诈骗潜在风险者降低落入陷阱的概率。

"创造" 则强调在洞察与预测的基础上，为顾客或客户创造更多、更

⊖　资料来源：21 财经。

为匹配的价值，并提升在价值提供过程中的效率。迪士尼（Disney）是一个通过简单而有创新性的方式来生成顾客需求洞察并为顾客创造价值的好例子。迪士尼引入了 MagicBands 智能腕带，这是一种个性化的、多色彩的、具有防水设计的腕带，家庭用户可以用它来很方便地进入及浏览主题公园，也可以用它来打开酒店房间的门锁。由此，迪士尼可以用这个智能腕带收集用户偏好数据，从而在创造一种流畅体验的同时增加企业营收。[○]

此外，在一些离市场终端需求天然较近的领域（投入到产出的链路更短、信息反馈更快），例如美妆、日化、母婴、零食等行业，品牌商的广告投放预算在配置组合上，已经趋向于变成数据驱动模式，强调精准广告投放，以提升广告的投资收益率。

组织协同也是数据可以发挥重要作用的一类典型场景。在企业内部，大量的业务活动会涉及多个部门、团队或个体，这些部门、团队或个体之间的协同将会决定是否能够高效率地完成业务活动及实现业务目标。而在企业外部，企业也需要跨越组织边界与供应链的上下游伙伴进行业务上的协同，从而实现效率与柔性的均衡。这种外部协同可以由焦点企业（focal firm）来主导完成，也可以通过平台企业来实现。以聚划算平台上的一款定制款踢脚线取暖器为例。作为一款天猫精灵联名款的踢脚线取暖器，其定价为 599 元，推出后平台上的好评率达 98% 以上。平台首先基于已有数据查找取暖器中的热点产品，由此设定出最好卖的价格区间，然后按照这个价格区间，联系有生产能力的若干品牌方生产出样品。之后经过平台的复检和试用，综合各方面选择出其中一个作为聚划算的产品。由于聚划算对于品牌方的要求是既要产品好，又要保证价格低，为了节省成本，品牌方通常会舍弃一些非核心功能、在实用性上多下功夫。

　　○　资料来源：微软公司，《数字化转型：通往成功的七个步骤》。

在这种模式下，产品选款和定价基本由平台来完成，产品开发周期大幅缩短，定制出来的产品出爆款的概率较高，容易实现平台、品牌方和顾客三方共赢。⊖

<h1 align="center">企业在数据运用上的典型痛点</h1>

如今，人们已经普遍地接受了这样一种观念，那就是数据已经成为一种资产，一种可以在商业领域发挥价值创造作用的重要资产。然而现实情况是，有不少企业在被问及是否有很多数据的时候，它们通常会回答"是的"，并且很有兴致地展示各种被称为"数字驾驶舱"之类的数据汇总呈现方式。不过，当被问及将如何使用这些数据以及这些数据带来了哪些真正的收益的时候，它们往往会回答："我们还在努力探索这些数据可以如何被更好地利用起来。"这意味着，尽管数字化系统的适用可以帮助企业获得和存储大量的数据，但企业在运用这些数据进行管理决策和提升业务运营效率的时候，依然会面临很多痛点，使得这些数据并没有像人们预期的那样产生价值。

从企业实践情况来看，这些与数据相关的典型痛点至少包含了如下 6 种情形。

数据不一致

我们知道，当人们在做出管理决策或业务决策的时候，他们的决策需要有准确的数据基础。如果某个决策涉及的变量，在企业的数字化系统中存在多个数据来源但这些数据彼此之间又不完全一致的时候，会给决策者

⊖　资料来源：澎湃新闻。

带来很多困扰。例如，在一家城市公交公司，关于到底有多少台处于正在运营状态的车辆，财务部门和运营部门给出的数据有可能是不同的。之所以存在这种数据不一致的问题，是因为不同的部门在数据收集时所采取的统计口径有可能存在差异（这是因为每个部门都有自身特定的需要，往往与部门的专业化属性有关，因此它们所关注的问题和所需要的数据也就会存在一些差异，因而在数据收集时设定的统计口径或者数据标准也就会出现差异），它们的数据采集周期也可能是不同的（例如有些部门的数据是实时的，而有些部门的数据是有时滞性的；有些部门的数据采集是每天的，而有些部门的数据采集则是每周的）。

数据的供给与需求之间不匹配

数据要想产生价值，就需要满足匹配性原则，也就是数据有供给方（提供者）和需求方（使用者），所有数据使用者需要的数据都正在由特定的数据提供者给出。并且，这些数据在内容、格式、颗粒度上要在提供者与使用者之间完全匹配。然而，这种数据的匹配性并不会自动地得到满足，如果在数字化系统的设计和实施中充分加以考虑，这种问题是经常发生的。例如在一家只是初步引入了 OA 系统的服装企业，产品设计部门希望获得关于不同服装款型的销售数据，以期通过对这些数据的分析来为产品设计提供一些方向性的参考。产品设计部门向销售部门要求提供关于产品销售的相关数据，销售部门就把系统中导出的所有产品销售数据打包之后提供给了产品设计部门。于是，产品设计部门拿到了一个硕大的数据包，感觉从这些数据中分析出自己需要的信息就如同在"大海里捞针"。结果就是产品设计部门抱怨销售部门"没有提供有用的数据"，而销售部门则抱怨"你们要的数据我们都给了啊，还要怎么样"。这里虽然给出的只是一个很简单的例子，但实际上这种情况是非常普遍的。要解决这种数据的匹配问题，就需要建立数据在使用上的标准。并且，从效率的角度而言，如果数据的匹配每次都需要数据的供需双方来进行沟通的话，无疑效率是比较低的。一个较为有效的解决方案就是将数据标准化以及将其匹配嵌入到企业的业务流程和管理流程当中，这样当活动流转到流程中的特定环节并触发数据提供的时候，提供者可以依据数据提供标准给出相应的数据，甚至当它们并不完全清楚或者没有意识到谁将会使用这些数据的时候依然不会影响到数据的质量及业务活动的顺利开展。

数据碎片化

也就是说，我们在做一个业务或管理决策的时候需要的可能是多方面的数据，而这些不同的数据来自不同的渠道。由于数据分布式地存在于不同的部门或个人，甚至在空间上也有明显的物理距离，因此数据的使用者很可能并不完全知道这些信息或数据在组织当中是如何分布的，甚至可能都不知道组织内部是存在着这些数据的。在此情形下，从组织沉淀的数据中充分地挖掘它们的价值就不可避免地变得很困难。考虑到绝大多数关键的业务决策或管理决策都需要多元的信息（例如我们要做一个是否要对产品提价的决策，我们需要知道我们的成本变动情况，需要知道竞争对手的产品价格情况，也需要知道客户对于价格的接受程度，以及我们是否在产品上引入了一些新的设计等），碎片化分布的信息使得我们不得不在信息很不完整的情况下进行决策，这将会大大增加决策的风险性，也会丧失利用多元来源的信息进行交叉校验的机会与收益。当然，数据碎片化问题也反映了这样一个事实，那就是对于数据而言，形成数据的成本和使用数据的收益往往是不对称的，那些承担了更多的数据成本的部门或个人未必在数据的使用上获得了对等的收益。这种成本与收益的不对称性将会阻碍数据资产在组织内部的有效配置和运用。

数据在量级上未能达到一个门槛

这个痛点问题与数据的一个有趣而且重要的属性有关，那就是数据在达到一定的规模之前，很难完整地代表事物的性质（它的分布是有偏的）。我们可以用一个销售点心类产品的连锁企业来说明这一点。这家连锁企业在一个城市里有很多家门店，如果我们想要对市场需求情况进行预测，那么很显然，预测某一家给定的门店的日销售量比预测这个城市所有门店的日销售量要困难得多，因为单个门店会被太多的随机因素干扰，造成销量的大幅波动，但在整体层面，这些波动会被平均化。很多企业都希望洞察客户的需求行为，然而当企业拥有的客户数量较少的时候，较低规模的数据是很难真正帮助企业去捕捉客户的行为特征的。因此，如何更快地在数字化系统中沉淀出足够的数据规模，也是我们在进行数字化转型时需要思考的问题。

数据有用性有待提升

企业内的很多人都认为虽然企业已经在数字化系统中进行了大量的投入，但依然无法为业务或管理决策提供有效的支撑。正如之前我们所提到的，决策需要在合适的时间点上获得足够数量的、高质量的信息。虽然数字化系统具有数据传递的天然速度优势，而且也具备汇集数据的技术潜力，但是如何提供有质量的信息依然是具有挑战性的问题。因为数据的有用性是站在使用者视角而言的，对于他们而言，质量高低的判断取决于数据是否契合了业务和管理活动的需要，而这显然不仅由数字技术的技术属性来定义。要解决这个问题，就意味着在数字化系统设计的时候，需要非常细致地梳理业务决策和管理决策背后的数据需求（数据内容、格式、标准、提供时间、颗粒度）。

如何来有效地进行数据需求的梳理呢？有不少企业采取的方式是直接询问业务线人员或管理者："你们需要什么样的数据？对于这些数据你们有什么样的要求？"然后在此基础上对数据需求进行汇总分析，进而设定数据需求。这种做法看上去似乎很合理，也似乎很可行，但其实是存在着潜在的弊端的。我们可以思考一下，如果我们把自己代入到这样的情境里，当别人问你需要什么数据的时候，你的思考方式会是怎样的？我们可能会用一种较为宽泛的（或者说笼统的）方式去思考我们的数据需求，因为人类通常倾向于用较为抽象的方式去回应较为抽象的问题。然而，数据的需求细节很可能非常依赖于特定的场景，或者说人们只有进入具体的场景里才会真正考虑完整的工作细节和相应的数据需求。因此，更为合理可行的数据需求抽取方法是，先询问数据使用者在过去的 6 个月中进行的主要工作事项有哪些，这些不同类别的工作事项是按照怎样的流程来完成的。在此基础上，进一步询问在这样的流程当中，他们需要哪些数据，这些数据需求分布在哪些环节，对于这些数据有什么具体需求。通过询问从事类似工作的数据使用者，我们可以更好地归纳上述问题答案中的共性，从而抽取出具有共性的数据需求，完成数据的标准化。

数据分析能力不足

数据运用于决策的过程，可以看作对数据的信息精炼过程，也就是从大量的数据中逐渐进行数据的"压缩"或"提炼"，进而形成最终的分析结果。所以仅仅有数据是不够的，如何有效地处理数据并从数据分析中得出结论是更为关键的。尤其是当数据规模达到一定量级的时候，它的分析和处理往往需要一定的技术性或有专业性的能力要求，这也会为组织带来挑战。为了提升数据解读能力，就要帮助组织内的个体提升他们的数据分析能力。不过需要指出的是，从管理进化的历史方向来看，我们会发现降低对组织内个体的能力要求，从来都是一个重要的发展趋向。针对数据分析需要来开发一系列的软件工具，并将其嵌入到数字化系统当中，是降低对大多数员工的数据处理能力要求的有效做法。实际上，这些软件工具的背后是通过以往的数据分析实践建立起一些算法，然后将这些算法内嵌到软件工具中供员工使用。在此情形下，算法就成为一种可以被不断复用的、被封装到软件工具内的可调用能力。这就如同我们如果想要在家里经常享用美味的面条，既可以自己通过学习和试错来掌握熟练的面条制作工艺，也可以去买一个面条机。因为工程师在设计和开发面条机的时候，已经将那些面条制作的技艺内嵌在面条机产品中，我们只需要去简单地调用这种被封装的技能即可。

数据集的质量衡量标尺

如果把数字化系统中存在的数据集看作一个整体，我们可以用什么标准来衡量数据集的总体质量呢？在此，我们重点讨论三个数据质量衡量标尺：一致性、标准化、匹配性。

数据的一致性

管理者在进行决策的时候需要尽可能充分的准确信息。为了实现这一目的，他们通常会从多个数据来源获取信息，在此基础上进行综合判断。当多重来源数据之间存在着不一致的问题时，一方面会消耗管理者更多的时间和精力来甄别信息的准确性，另一方面也会有更高的概率误导管理者的决策，这都将为管理决策带来负面的影响。

数据一致性问题有如下三种产生情形。第一，数据来源本身的问题带来的数据误差或错误，对此我们需要选择更好的数据获取方式或数据来源，以获得更为准确的信息。第二，不同数据来源代表了对某一个管理变量或状态的多次测度，这些数据都或多或少地存在着一定的误差。例如，我们可能会试图从多个来源收集竞争对手的季度销量数据，以确定自己的市场销售策略。在此情形下，如何利用这些数据所包含的有效信息来从中生成相对更为准确的数据，就成为数据处理中的关键点。第三，数据本身的准确性并没有问题，但由于数据标准（统计口径）差异或者数据采集时间（数据采集周期）的差异造成不同来源数据之间出现不一致问题。对于这类问题，需要通过数据标准的建立来予以消除。

虽然我们希望数据集能够达到数据一致性的要求，但需要指出的是，在业务活动的效率与数据集的一致性之间并非总能达成一致，在一些情况下可能会有一些冲突。明代"空印案"就非常直观地说明了这个问题。发生于洪武九年（1376年）的"空印案"，大致背景是当时各个地方政府每年需要把粮、税数据报送给中央政府（户部）。为了保证数据的真实性，制度上要求报送的数据文档需要加盖地方政府的官印。从流程上，这份被加盖官印的文档被专人送至京城，然后由户部对此数据进行稽核，如有数据上的出入则会责成送公文的人员返回当地，重新核对之后再带着加盖印章后的新文档重新提交到京城。由于路途遥遥，以当时的交通和通信条件，这当中必然需要延后非常长的一段时间。于是，有些地方政府官员为了能够在每年的给定时间内完成数据的报送，就会让递送文档的人随身携带加盖印章后的空白文档作为备用，一旦发生需要重新报送的情况就只需要就地填写一份提交即可。此事被明太祖朱元璋知道后，给了非常严厉的处罚，此事牵连甚广，当时全国共有13个省、140多个府、1000多个县受到处罚。

处罚如下：主印官员全部杀掉，副手打一百杖充军。除此之外，连各省按察使司的言官也多有获罪，理由是监管不力。据翦伯赞主编的《中外历史年表》，洪武九年空印狱起，官吏下狱者数百人。虽说这个案例表面上看是一个信息传递效率的问题（因为当时若是有我们今天的信息技术作为支撑，这类数据的处理问题可以被很容易地解决），但问题的实质是业务效率与数据一致性的冲突。一个很常见的问题是，如果企业的业务流程设计有问题，或者流程中的数据需求与提供之间存在着不一致性问题，那么人们在处理业务活动的时候，出于追求效率的目的，会忽视数据之间的不一致而采取行动。这种情况的频繁出现会削弱数据驱动决策的有效性。

数据的标准化

标准化的数据能极大地帮助管理者节省处理数据的时间和精力。我们可以试想一个生活中的简单场景，当你的美国朋友告诉你他们家的房屋面积是 2000 平方英尺时，你可能需要一定的时间去计算甚至通过搜索引擎的查询才能将其换算成平方米，进而才对朋友家房屋的大小有基本概念。在企业中也是如此，如果每个部门上传到数字系统中的数据都使用自己熟悉的格式和方式，那其他部门在每次调用的时候都需要花费一定成本才能"解码"成自己想要的数据，这将给企业带来极大的负担。

数据的标准化问题主要来自以下三个方面。首先是数据来源的多样性，企业从多个渠道获取的数据可能具有不同的数据结构、编码方式等，使得数据具有复杂性；其次是没有清晰的元数据信息，元数据指的是描述数据的数据，例如我们常用的度量单位等，在元数据不清晰的情况下，相关人员只能以随机的方式选择数据格式，例如当企业收集业务部门的销售额却没有规定单位时，员工可能会从常用的金额单位（例如元、千元、万元、百万元等）中随机选择；最后是时效性带来的标准化问题，在某一个时间段被普遍接受的标准化数据在另一个时间段也许是非标准化的，例如在宋朝时期，人们普遍接受的度量标准是一斤等于 16 两，因而会有"半斤八两"这个成语来形容实力相当、难分高下，并一直沿用至今，但也造成了如今"半斤和八两相差的也不少，为何会用来形容势均力敌"这样的疑问，其背后也是数据标准化的问题。

在数字化转型的过程中，常常需要建立多部门间的数据连接，实现跨部门的协同，由于各部门在人员配备、目标设定、部门文化上的不同，部门间的数据格式、类型等存在较大差异，因此数据的标准化是实现部门联动的重要前提，也是数字化系统数据集质量的重要衡量依据。

例如，2021 年，上海市人民政府聚焦人民群众最关心、最直接、最现实的问题，重点推进 11 项数字生活标杆应用，力争建设有感受度和体验度的数字生活场景。该项举措由卫健委、民政局、文旅、交通等部门牵头，涉及多部门的协同、配合，若没有标准化的数据将产生难以承受的沟通成本。例如，11 项应用中的"为老服务一键通"在多部门、企业、行业协会的努力下研究制定了高数字包容度的技术标准和全新的行业规范，并在民政局牵头，医院、交通等多部门配合的条件下实现了一键就医、订车等高频服务集成。同时，上海市政府召开的"跨越数字鸿沟，互联网应用适老化和无障碍改造工作推进会"中指出，要促进改造名单的 66 个政府网站、47 个 App 和 23 家重点企业 App 形成联动，完成"一网通办"的适老化和无障碍改造 ⊖。

数据的匹配性

"甲之蜜糖，乙之砒霜"，我们常说适合的才是最好的。数据也是

⊖　资料来源：上海市经济和信息化委员会。

如此，数据作为分析单元是实现组织目标的"工具"，只有数据的需求与数据的提供之间在内容、格式、颗粒度和时间上匹配才能被称为"好数据"。

造成数据不匹配的原因是多方面的。第一，数据提供者和数据需求者在理解或表达上的不一致，导致数据内容或颗粒度的不匹配；第二，数据需求者和数据提供者的目标导向或价值追求的不一致也会导致数据的不匹配，例如技术人员也许更关注技术的优劣，甚至需要通过提供高精尖的技术来实现自我价值，而业务部门只关注提供的技术能否带来更高的客户满意度；第三，由于上文中提到的标准化问题使得提供的数据难以被需求者直接使用，这需要通过数据的标准化来解决；第四，匹配性也存在时效问题，彼时匹配的数据此时却未必匹配，例如早年间食盐行业的企业通常需要通过含碘量数据来判断食盐是否符合要求，而如今这一数据却不能起到同样的作用。

由于信息化技术的高速发展及商业环境的快速变化，当今的商业世界对数据的匹配性提出了更高的要求，企业也在持续寻求具有实时匹配性的数据。正如德勤在《关键时刻：数字化世界中的财务》中所述，"突然之间，某个角落中尘封多年的数据开始焕发活力。我们必须了解这些数据的意义，并将它们作为一项资产及时提供给需要的客户"。没有无用的数据，或者说没有永远无用的数据，数据集的建立应当能够帮助企业及时找到所需求的数据。

数字需求的生成

我们经常会有这样的说法——要做到"心中有数"。如果将其用到数字化的情境里，其实是非常应景且贴切的，这不仅仅是因为数字化企业内部沉淀了大量的数据，更为重要的是，这意味着数字化系统支撑作用的关键体现是如何帮助企业内的每一位个体便捷、高效地获得他们所关心的"小"数据和"关键"数据。这些数据需要在合适的时间以合适的内容、格式及颗粒度提供给需要这些数据的人，进而帮助他们高效地完成工作任务。

那么，从数字化管理的视角，我们可以如何有效地抽取数据需求呢？我们可以从如下的三个视角——流程分析、资源地图、绩效评估来抽取数据需求。

基于流程分析的数据需求抽取

企业的业务运营和组织管理都会呈现为一系列在逻辑和时间上存在关联的活动，那些为实现特定目标而关联起来的活动就形成了流程。由于数据最终要在流程当中并用于完成活动的，因此基于流程分析来进行数据需求的抽取就成为一个自然而然的选择。

（1）绘制出流程图，给出所涉及的活动以及这些活动在时间或逻辑上的关系。

（2）对每一个流程中的活动，从活动的实施者（owner）角度来确定他们的数据需求。

（3）对这些数据需求建立起标准（什么时候需要？包含什么内容？颗粒度如何？何种格式？）与模板（供数据提供者使用）。

（4）确定是否有合适的数据来源或提供者。

（5）基于数据的供给与需求匹配原则，确认数据提供者目前是否可以按照需求来提供数据。

（6）如果需要增加数据来源或者需要已确定的数据提供者提供他们目

前未采集的数据，则需要评估数据采集成本与可行性。

（7）依据数据采集的必要性与成本进行优先序设定。

（8）对于确认无法采集的数据，寻找可能的潜在数据收集备选方案。

（9）从数据收集备选方案中确定新增数据的采集方案。

（10）对全流程环节进行数据的供给与需求匹配、数据标准与模板的最终确认。

在数据需求确认及数据收集过程中，有一些针对实施过程的关键建议。

第一，在数据需求确认过程中，将"数据基础"与"数据分析"这两者分离。我们在数据需求确认过程中经常发现，有些时候人们提出的数据需求，可以用已有的数据基础通过分析处理来生成，它只是一个数据的处理或计算的过程，并不需要在原有的数据基础上额外收集新的数据。例如，当人们提出"过去两年本部门的平均员工收入"与"过去两年本部门员工年收入平均增长幅度"这两个不同的数据需求的时候，实际的数据基础是相同的，都可以用所有员工的收入数据进行汇总计算后得到。

第二，不要让员工们把数据收集视为业务活动之外的事情，这就需要把数据的生成、输入分散嵌入到业务流程的具体活动环节里。我们可以通过一个整理电脑文档的例子来形象地说明这一点。我们每天都会用我们的电脑生成大量的工作文档。通常我们需要对这些文档进行分类，并归入到不同的文件夹中以便日后查找。我们有两种方式来处理这些文档的归档，一种是每天在文档生成之后就把它们按照预先设定的原则归入不同的文件夹；另外一种是我们先把这些文档扔在一起，然后到每一年年末来对这些文档进行统一分类归档。考虑到文档累计数量非常庞大，我们显然知道按照前一个做法让我们可以在不知不觉中完成这样一个文档归档的任务，而后者却会让我们在最后归类文档的时候感觉崩溃。数据的采集与输入也是如此，它并非一个独立于业务活动之外的工作事项。

第三，不要重复收集数据。我们可以发现，在很多组织内部，不同部门往往都会出于自身的管理需要提出数据需求，或者同一部门在不同时间点上提出有部分重复性的数据需求。这会导致数据提供者需要做大量的重复性的数据输入活动，既浪费了人们大量的时间和精力，也会让它们对数字化系统产生心理上的抗拒感。要解决这个问题，很大程度上依赖于数据标准化及数字化系统能否自动化地通过数据映射和数据计算来生成所需要的数据，减少数据提供者的工作量。

第四，利用数字化系统自动统计记录数据。尤其是那些直接以线上形式完成的或者借助于数字化系统来进行的项目或工作任务，它们的进展情况及相关细节都可以按照设定的数据要求进行自动记录，从而为目标管理、项目管理、绩效考核等工作提供基础数据。

第五，数据的收集本身是有成本的，因此我们可以从业务和组织管理的目标出发，对数据需求按照成本和必要性进行优先级排序，不断寻找是否有更好的（即数据获取成本更低、效率更高、更为准确）获取数据的方式。这意味着数据需求的管理本身就是一个可以持续改进和迭代的活动。

基于资源地图的数据需求抽取

组织的资源总是具有相对稀缺性，因此，对于管理者而言，有效地利用资源就变成了一个重要的目标。与此同时，管理职能的展开——计划、组织、协调、控制，都需要建立在对资源状态的有效掌握之上。

在企业当中，管理者通常会将"人""财""物"视为最为关键的三类基础资源，因为这三者几乎贯穿了企业内部所有的价值创造活动。因而，如何以可视化的方式来呈现这三类资源的状态及其变化，就变得非常重要了。这就需要以数据来刻画三类资源的类别、属性、状态（可用性）、所有者（控制者）。我们在第 6.5 节中已经探讨了企业资源的数字化地图，在这里，我们更强调从管理者视角出发，围绕他们的管理目标来抽取数据需求。这通常包含了如下一些步骤：

（1）针对特定的管理者视角，确定他们的关键管理（决策）目标。

（2）从这些关键管理目标出发，确定所涉及的业务和管理流程。

（3）以遍历的方式确定在流程中产生的数据需求。

（4）确认数据标准（即数据内容、格式、时间、颗粒度）。

（5）依据数据的匹配原则确认数据的提供者（来源），并根据数据的可得性确定数据补充来源。

（6）由数据提供者（来源）确认数据模板。

（7）设计并确认管理可视化界面（数据的可视化呈现方式）。

（8）提供一些必要的数据分析工具或功能，以支撑管理决策需要。

基于绩效评估的数据需求抽取

组织内的业务活动可以理解为将投入转换成产出的过程。管理者需要去评估这些转换过程的有效性和效率，并依据这种绩效评估去修正自己的计划、提升自身的管理决策能力，以及进行资源配置的动态调整。因此，如果把业务运营与组织管理活动看作一个不断改进和优化的过程，绩效评估便成了非常重要的信息基础。与此同时，由于活动（工作任务）都是由组织内的特定人员来完成的，透过这些活动绩效的评估可以形成对个体或团队的工作绩效判断，由此形成对他们的工作能力进行判断所需要的信息基础。因此，绩效评估也可以成为生成数据需求的重要方式。

由于绩效评估涉及被评估的对象，因此我们可以从管理者视角出发，审视他们的管理活动涉及哪些最为关键的被评估对象。在绝大多数情况下，我们可以依据对象将这些评估分为如下三类：以"人"为核心的绩效评估，以"产品（或服务）"为核心的绩效评估，以及以"项目"为核心的绩效评估。为此，我们可以依据如下步骤来生成相应的数据需求：

（1）从绩效评估对象（人、组织、项目、产品）出发，确定评估所需要的关键绩效指标。

（2）考虑到关键绩效指标基本上都是通过一些基础数据进行处理（或计算）得出的，是一种复合性的或综合性的信息，因此需要以倒推的方式确定得出这些关键绩效指标所需要的基础数据。

（3）确认在已有的基础数据集当中是否已包含了这些基础数据，如果没有，则需要确认数据的补充来源。

（4）确定数据标准与数据模板（给数据提供者确认）。

（5）设计并确认管理可视化界面（数据的可视化呈现方式）。

（6）提供一些必要的数据分析工具或功能，以支撑管理决策需要。

在这里，我们需要强调的是，处于不同管理层级的人由于工作性质的差异、管理决策需求的差别以及权限的不同，他们所需要的数据尽管都来自统一的数据集，但是数据的内容、格式、颗粒度以及呈现方式都可能存在差异。换言之，我们需要在数字化系统的设计过程中，尽可能地提供"千人千面"的个人数据集，以帮助组织内的每个人更便捷地获取所需要的数据，做出更好的业务与管理决策，从而更高效率地、更为精准地完成工作任务。

数字报表的设计

上一节我们提到，在数字化的情境中，企业要做到"心中有数"。那么，如何才能做到"心中有数"？数字报表的设计是重要途径。不同于传统纸质报表，数字报表是指通过数字技术和计算机软件生成的电子化财务报表与管理报表，它使用计算机、数据库和信息技术来处理、分析和呈现企业的财务与业务数据，从而实现围绕业务和管理决策目标提供具有结构化和可视化特点的数据呈现。数字报表能够以电子形式展示，便于在计算机、平板电脑、智能手机等设备上查看和分析，在数字化时代，可以将其视作传统纸质报表的数字化替代品。数字报表在企业管理和决策中发挥着重要作用。它可以帮助企业管理层快速获取财务数据和业务数据，进行有效的分析和决策，还可以支持企业与利益相关者之间的信息共享，提高企业的透明度和沟通效率，因此数字报表是企业数字化转型过程中的利器。

"的必先立，然后挟弓注矢以从之。"设计数字报表的首要任务便是明确设计数字报表的目的，明晰主要解决的问题。换言之，数字报表可以被视为一种特定的产品，这种产品的设计起点是明确产品的"需求"——这个产品是给谁用的？能帮助使用者解决什么问题？正如第6.2节所述，业务是企业运营之根本，因此数字报表的设计需要服务于各业务单元，为不同业务单元提供所需数据，例如针对零售业务提供营收指标、针对售后业务提供客户满意度等。另外，数字报表采用数字技术将财务数据和业务数据转换为电子形式，这些数据可以以结构化的方式存储在数据库中且能够实现实时更新，为后续的数据处理和分析提供便利。

同时，数字报表采用数字化存储，可以采用密码、访问权限控制等技术，防止非授权人员访问敏感数据。为发挥数字报表的实时更新和安全性价值，企业需要开通相应权限，让相关业务人员可以及时甚至实时有针对性地查询所需数据，而不用像以往一样通过向特定部门申请才能完成一次数据查询。

但还需注意的是，业务单元内部不同角色所需要的数据也是迥异的，例如，对于管理人员来说，他们关注的重点也许是员工的效率数据，而产品经理也许更关注与业务发展相关的数据。因此，数字报表不单需要满足横向的不同业务部门的需求，也要满足纵向的同一业务内部的不同需求。具体包括为管理人员提供大颗粒度数据，如总体营收及考核依据；为产品经理提供中颗粒度数据，如业务发展情况和运营数据；为运营人员提供小颗粒度数据。就此而言，数字报表并不是对数字化系统中存储数据的一种简单呈现或映射，在它的背后实际上需要对数据进行一些汇聚和加工处理，然后以一种更易于被数据使用者理解和运用的视角来设计数据呈现方式。

那么，如何构建能实现以上价值的数字报表指标体系？首先需要综合考虑企业的战略目标、业务需求以及数据可用性等因素，进而梳理符合企业战略的业务流程，对于每个关键业务过程，识别关键绩效指标（KPI），并保证KPI与战略目标和业务需求直接相关，能够反映业务过程的效率、质量、成本等关键方面。

商业世界在考虑需求的同时必须考虑供应，数字报表也一样。在梳理完所需要的数据指标后，还须保证KPI所需数据的来源和可用性，包括确定数据的收集方式、数据的更新频率、数据的精确性等，确保所选取的指标能够在现有条件下被可靠地测量和跟踪。如果出现现有数据难以支撑的数据指标，则需要考虑通过其他手段获取，或者更换其他替代性指标。

从实际操作的层面，数字报表可以划分为两种典型的类别。一种是带有例行性质的固定报表，另一种是根据数据使用者的需要而生成的定制类数字报表。前者针对业务或组织管理中一些重复发生的例行事件来设定数据结构、呈现方式和提供周期，它常常被用来追踪业务或组织状态的变化，以确认业务和组织处于可控的状态。后者大多围绕着因业务或组织活动的需要而产生的临时性的特定数据需求，它往往需要通过数字化系统中的一些算法和工具来即时生成所需要的数据结果及呈现方式，这就要求数字化系统具有一定的底层数据分析能力及数据处理的灵活性。当然，当组织中的定制类数字报表随时间推移出现了上升的共性构成或使用频次，就可以把这类数字报表转换成例行类固定报表，固化在企业的数字化系统当中。

数字报表的开发首先需要根据战略目标和业务需求确认报表的形式、结构和格式，例如具有较明确时间阶段的战略目标或数据平台还不完善的情况更适宜邮件定时报表，而对柔性和即时性要求更高的战略目标也许更适合后台系统查询。进而选择合适的数字报表平台或工具，用于构建和生成数字报表。特别需要注意的是，开发完成并非数字报表设计的终点，验收、试运行以及后续的跟踪维护也是必不可少的环节。业务对于数据的准确性要求通常较高，且流程较长，差之毫厘的数据也会导致谬以千里。同时，由于外部环境的快速变化，数字报表指标体系应该是动态的，需要定期进行更新和优化，随着企业战略的变化和业务需求的调整，指标体系可能需要相应地进行调整和改进。最后，构建好数字报表指标体系后，需要与相关人员进行沟通和培训，确保他们理解和掌握如何使用报表，以支持业务决策和管理。

数字化系统的集成

为了实现数据的无缝连接和共享，企业需要进行数字化系统的集成，从而优化数据管理和业务运营。数字化系统的集成包含数据集成和系统集成，其中数据集成旨在解决数据碎片化与数据不一致性的问题，而系统集成旨在帮助企业解决系统孤岛的问题。

具体来说，企业通常存在多个数据系统，每个系统可能独立存储和管理不同的数据，确保数据的一致性尤为重要。我们可以试想一个场景，消费者在网上商店购买某样商品，财务部门需要入账，而信息部门需要将收款信息通过短信或即时通信工具告知消费者，若两个部门获取的信息有出入，将给企业带来非常大的麻烦。进行数据的集成可以确保数据在企业层面的一致性，回到前面给出的网购例子，如果财务部门和信息部门所调用的数据都来源于集成的数据系统，则可以规避数据不一致的问题。

数据的碎片化也是企业面临的重要问题。当今时代，企业将海量的数据存储在不同的系统中，而不同的系统采用的数据格式或储存方式存在差异，导致数据系统与其他业务部门不兼容，无形之中在各部门之间形成了技术壁垒，阻碍了数据流动。同时，团队或部门有不同的目标和优先事项，甚至存在竞争关系，这不可避免地降低了各部门数据分享的意愿，使得这些与技术生态系统隔离的业务工具所获取和生成的数据无法有效流动和共享。数据的碎片化将会导致企业难以获得全局的数据视图，限制了对数据进行全面的分析，阻碍了决策的有效性。

数据的集成使得数据可以在不同系统之间自由流动，提高了数据的可用性，解决了数据碎片化问题。通过这种方式，碎片化的数据整合在一起，业务部门可以更方便地访问和获取所需的数据，集成后的数据可以形成更准确、全面的数据视图，支持业务决策和运营需求。进一步地，数据集成可以将数据传递给相应的业务系统，减少人工介入和手动处理的步骤，加快业务处理速度，从而实现业务流程的自动化和协作，提升业务效率。

此外，由于信息系统大多是基于职能运营需要建立起来的，建立之初无须考虑整体性，因此职能的边界便成了数据系统之间的隐形屏障，形成了一座座系统孤岛。蒂齐亚纳·卡夏罗（Tiziana Casciaro）和他的合作者曾做过关于"哪些关系最能影响企业发展"的调查研究，并将其成果发表在《哈佛商业评论》上，研究指出：企业的创新、发展机会更多时候来自不同部门和系统间的交流与合作，即水平协作，企业的水平协作更多，其利润更高、客户更忠诚。而系统孤岛使得大多数部门只关注与上下级的垂直关系，这将阻碍企业为客户创造价值。[⊖]

系统集成可以很好地解决系统孤岛的问题。通过将软件、硬件与通信技术组合起来，并制定统一的数据标准和数据规范，系统集成使得原本独立的各系统之间可以有机、协调地工作，发挥整体效益，达到整体优化的目的。事实上，谷歌和网商银行等公司的成功一部分可以归因于通过系统集成打破了系统孤岛的局面，有效地利用了核心系统和数据。[⊜]

在此值得指出的是，本书一直强调企业的数字化过程应当服务于战略，而数字化系统的集成也应以与业务和组织匹配为导向，使得数字化系统 - 业务 - 组织融合成有机的整体。正如第 7.2 节所提到的企业在数据上运用的痛点中的"数据有用性"问题，许多企业明明看似已经在数字化系统的建设中取得了成果，但依旧没能在业务决策效率或准确性上有所提

⊖ 资料来源：《哈佛商业评论》官网，《打破孤岛畅通合作》，2019 年。

⊜ 资料来源：《哈佛商业评论》官网，《AI 时代的企业竞争战略》，2020 年。

升，其深层次的原因便是数据与业务的匹配问题。尽管建立与业务匹配的数字化系统听上去是一件理所当然的事情，但事实上，与不匹配甚至无关的数据打交道已经成为如今众多企业所面临的现实问题：产品部门也许正沉浸在海量分析领先企业产品技术的数据中，但却难以获取清晰的产品规格；投资部门知晓了所有知名企业的投资收益比，却可能拿不到一份可靠的财务报告。面对不匹配的数据，信息技术部门会扩充数据边界，以求建立看似更完整、更海量或拥有更高技术含量的数字化系统，而管理者则会迷失在数据中转而依赖直觉去制定或实施战略，给企业增添了巨额成本的同时没有获得预期收益。

要解决数字化系统集成过程中与业务匹配的问题，需要注意以下两点。首先，通常最容易想到的方法是供需（即技术部门和业务部门）方的直接沟通，但事实上，供需方的沟通一方面会带来额外的沟通成本，降低决策效率；另一方面供需方的思维模式、目标导向甚至语言方式都存在较大差别，容易造成"鸡同鸭讲"的局面。因此需要根据在过去一段时间内不同环节的具体工作事项所需要的数据，创建标准化的语言、数据格式嵌入到数字化系统当中，以便在之后有类似数据需求的时候可以得到快速的回应。

其次，对"元数据"进行清理。元数据的清理对于数字化系统与业务的匹配也非常重要。例如，系统中储存的销售收入单位为元，而销售部门惯用的单位为万元，这将造成非常严重的后果。也许我们很难想象这会在现实的商业世界中发生，但事实并非如想象般美好。因为软件系统使用公制单位牛顿来计算推进器动力，而地面人员输入参数时使用的是英制单位磅力（1 磅力 =4.4482 牛顿），直接导致了美国航空航天局的火星探测器解体，损失达 1.25 亿美元。相反，能源公司 Aera Energy 虽然耗费大量人力、物力、财力，详细定义了所有与业务相关的关键词，创建了高质量的元数据系统，但却带来了内部沟通和研究决策效率的极大提升，生产率提高了一倍以上。

　　总的来说，数字化系统的集成是企业数据管理和业务运营优化的关键步骤，进行数字化系统的集成可以实现数据的一致性、解决数据碎片化和系统孤岛问题，提高数据可用性、提升业务效率、降低沟通成本和复杂性，并为数字化转型提供基础，使得企业能够更好地利用数字技术来提升业务能力。

第 8 章

步骤 5：

外部数字化系统——
穿梭于产业链的跨边界舞者

数字化供应链

如今的商业世界在大多数情况下已不是一种单纯的"零和博弈"游戏，即使对于那些传统意义上存在着直接竞争关系的企业也是如此。与此同时，企业不再是封闭的个体，而是与客户和供应商共处在一个具有共同目标的生态系统下，强调彼此间的信息共享、共同价值创造与价值合理分割，以期实现共生、共享和共赢。因此，在这种竞争式合作下，数字化转型需要考量的一个重要问题便是如何建立跨企业边界的数字化系统，以更好地支撑整个商业生态系统的价值创造和价值提供效率，进而为企业的长期竞争优势带来技术与组织支撑。

供应链是将产品或服务提供给最终用户的上游与下游企业形成的网链结构，是一个不可分割的有机整体。供应链中的各主体在一定程度上呈现出共生关系，需要频繁传输信息，以确保整个链条的协同发展，单一企业的发展并不能带来最大化的利益。我们可以设想一个简单场景，在一个由"企业 A—企业 B—企业 C"组成的最简单的供应链中，企业 A 是企业 B 的原材料供应商，企业 B 负责加工、生产终端产品，企业 C 是销售商，如果企业 B 只注重自身的发展及生产力的提升，而企业 A 无法提供相应规模的原材料，那么我们可以预知这条供应链的整体效率并未达到最优，企业 B 也无法享受到生产力提升所带来的超额回报。因此建立供应链层面的数字化系统，实现供应链范围内信息和知识的互通有无，对于企业的发展至关重要。

建立透明、准确、即时的数据底座是实现数字化供应链的首要条件。在上文的简单例子中我们不难发现，焦点企业需要清楚掌握供应链上的准确相关数据才能有的放矢地制定相应的战略，而同时精确的数据不但有助于提升供应链的效率，也能提升业务活动的透明度并进而帮助主体间建立信任。以创立于 1994 年的中国本土日化领导企业立白集团为例，曾任立白集团数智中心总经理的阮群锟在"IT 向敏捷化蜕变之旅暨走进立白现场会"的演讲中指出，立白集团的数字化转型可以分解为"数字 +""互联 +"和"生态 +"，其中"数字 +"指的是立白实现以用户和市场为核心的全渠道数字化，实现整条供应链上数据的互通有无；"互联 +"旨在把企业所有的资源连接起来，让云触达供应链的每个终端，使人与人之间连接、人与数据之间连接、人与物之间连接，让链条上的各主体可以随时查看所需数据，形成更强的供应链协同，并最终实现围绕用户、员工、合作伙伴的生态圈（即"生态 +"）。

供应链的模块化重构也是数字化供应链需要关注的重要问题。传统时代的供应链呈现复杂的网络结构，链条中的各节点与一个或多个其他节点单线联系，这样的供应链模式难以满足业务的快速增长和加快变化的需求，容易出现重复建设和响应周期长等问题。而对复杂的供应链系统进行模块化重构可以使供应链能更灵活地支撑、处理相应业务的开展。通过将供应链中具有共性的业务模块进行封装，按照场景进行调用，将最大程度上缩短供应链对于业务需求的响应时间。

此外，**供应链智能化**也是确保数字化供应链效率的关键因素。供应链是信息流、实物流和资金流的集成，其价值的底层来源于高效的信息流处理。在如今信息"大爆炸"时代，供应链面临着海量的数据，而有效利用如此庞大的数据依赖于智能化的算法。因此，有学者认为基于算法的智能化供应链是未来供应链发展的趋势之一。例如，华为供应链面临着数千万级的数据规模、亿级计算规模的复杂业务场景，根据华为供应链管理部前总裁熊乐宁所述，"华为基于线性规划、混合整数规划、启发式算法等求解方法的组合，构建了从器件、单板到产品、订单之间的双向模拟引擎。在错综复杂的产品结构树和供应网络节点中，快速找到资源准备的最优解，在实现供应能力最大化的同时做到存货可控"⊖。在此基础上，华为开发出了"灵鲲"数智云脑保证了供应链运营的智能化。

另外还需指出的是，在当今"万物互联"的时代，数字化链接的不仅仅是供应商与客户，更是贯穿产业链的全链路，也并非仅仅通过传统供应链线性的活动来产生价值，而是将多个环节横向延伸，实现立体的供应链生态，并将不断扩展的生态系统的整体价值最大化。《哈佛商业评论》将这种生态战略称为"数字化供应链的下半场"⊖，一定程度上体现了生态战略的重要性。关于生态系统的构建将在下一节中详细阐述。

商业生态系统的构建与治理

商业的本质是交换，从早期的物物交换到货币与物、货币与服务等，这种交换的速度和质量便决定了商业的繁荣程度。为提升商业繁荣度，商业世界的经济形态已在近年发生数次重要转变，从传统经济到网络经济再到如今的数字经济全面爆发。伴随着经济形态的改变，企业的战略也发生了重要变革，从传统经济下的上下游整合，到网络经济时代被广泛接受的平台战略，再到如今数字经济时代下由数字技术推动的生态战略大行其道，打造一个包含消费者、生产者供应商和其他互补伙伴组成的有机整体已经成为当今企业的一个"必须回答的问题"。正如微软公司 2016 年发布

⊖　资料来源：《华为技术》，《数字时代，华为如何重塑供应链？》，2022 年第 3 期。

⊖　资料来源：《哈佛商业评论》官网，《"数字化供应链的下半场"：从平台战略到生态战略》，2021 年。

的《数字化转型：通往成功的七个步骤》中所述，在当今数字经济时代，没有企业可以再"单打独斗"，企业与合作伙伴之间的关系也不能以单次的合作来衡量，而需要重塑行业，创造新的市场空间。商业生态系统便是当前经济模式下诞生的重要形态。因此如何构建和治理高效率的生态系统显得尤为重要。

考虑到商业生态系统已经成为数字化时代企业构建竞争优势的一种重要途径，构建成熟的商业生态系统已经成为企业数字化转型过程中需要考虑的战略性决策问题，并且会影响到企业数字化系统的设计、规划和部署。在此情形下，商业生态系统所能够释放的力量在很大程度上取决于它的共生性以及自生成性。

共生性。首先，与自然生态系统类似，商业生态系统强调多样化成员的共生。多样性在企业应对快速变化的环境中起到缓冲的作用。因此，为了构建商业生态系统，并加速生态系统中的新型价值主张，企业需要寻找多维度的合作伙伴，而不应拘泥于以往传统经济时代的专业化分工和上下游整合。例如对于微软公司来说，在发展到一定规模之后，传统的软件合作伙伴或系统集成商已经难以满足发展的需要，还需要利用或建立与生态系统中其他主体的合作（如 OPC 等行业标准机构）。类似地，在移动通信行业中，苹果或者华为推出一款新手机，不但需要满足用户的需求，还需要与移动网络运营商和谷歌等主要应用提供商合作。其次，为实现商业生态系统的整体性优势，系统内的各主体需要保证一定的互补性，分享各自的价值，并给其他企业提供机会，以达到共生互利的目的。事实上，系统内各要素之间的相互协同作用是形成整个系统"复杂模式"的基石。电商行业的兴起便是一个典型的例子。电商的核心看似是通过数字化的渠道进行实体商品的生产和销售，同时值得注意的是它需要一系列互补模块的辅助和配合，如强大的物流系统、便捷且可信度高的支付体系以及大数据。

　　自生成性。为应对外部快速变化的环境，以及不同客户群体的异质性需求，商业生态系统的构建需要保证其不断迭代创新，并且能够根据市场需要及变化趋势对生态系统内部的能力和资源进行柔性的、动态的重新组合，以实现商业生态系统的自生成性。单个的企业由于能力、资源、经历、视野等方面的限制，通常难以应对环境的快速变化和不同客户的需求，而生态系统给了企业"撬动地球的杠杆"，系统中不同的主体可以根据自身所长引导整个生态系统的迭代创新，以实现生态系统层面的价值最大化。以日日顺供应链为例，在大量电动车品牌涌入市场时，日日顺推出了运输、仓储于一体的供应链模式，初步构建了包含制造商、仓储、运输等企业在内的生态系统。在完成对用户、品牌的深入调研之后，日日顺发现不同城市的用户对电动车的需求不同，例如，大型城市的客户更注重电动车的性能（动力、最高速度等），而小型城市通常将电动车作为主要出行工具，因此更注重续航里程，并且，电动车电池在仓储过程中长时间装在电动车内会造成亏电，大幅降低电池能效甚至导致报废。在传统的供应链模式中，这并非日日顺这家物流公司该操心的事，但日日顺供应链与电动车品牌商进行共创，为不同城市运送性能不同的电池，满足了消费者的分层需要，同时将电动车和电池分开存储并提供反向补电服务，以解决长时间不充电带来的亏电问题，大大提升了整个生态系统的运作效率。[○]事实上，许多成功的商业生态系统迭代和再生的速度比我们想象的还要快，以至于阿里将饿了么纳入阿里生态之后，饿了么高管会有如此评价："刚离开的时候还经常打听饿了么的动向，但后来人员、组织架构都变得太快了，隔一个月问就跟不上，别人说了你也听不懂。"[○]

　　○ 资料来源：《哈佛商业评论》官网，《"数字化供应链的下半场"：从平台战略到生态战略》，2021 年。
　　○ 资料来源：《哈佛商业评论》官网，《饿了么 CEO 王磊：竞争的核心是生态能力》，2018 年。

需要指出的是，商业生态系统的共生性与自生成性并不会自动地实现。如前所述，商业生态系统内发生的活动可以分解为价值创造、价值提供和价值获取三个部分。商业生态系统的共生性与自生成性能否稳定并持续地存在，取决于数字化系统的部署是否能有效地降低商业生态系统内的参与者在上述价值链条活动中的交易成本和协调成本，尤其是通过消除信息不对称和提升透明度来增强参与者之间的信任。但这只是数字化系统设计和部署当中需要考虑的一部分内容，也是人们通常会首先考虑的内容，只考虑这些并不足以保证数字化系统能在释放商业生态系统力量上充分发挥作用。建立商业生态系统的治理规则，并且将这些规则内嵌到数字化系统当中，是易于被忽视但非常重要的另一个方面。

商业生态系统内的治理规则在很大程度上决定了价值活动的成本与收益是如何在多元参与主体之间进行分配的，进而影响到这些参与主体在价值活动中的动机及行为。由于商业生态系统中大量的价值挖掘和创造在很大程度上需要这些参与主体主动地参与和协同，如果成本或收益的配置不合理，一些关键参与者的价值共创动机就会被极大地削弱。对于那些在商业生态系统中具有较强主导能力的核心企业而言，它们需要转换自身思考问题的方式，从传统意义上的强调通过有效的竞争来建立自身的优势并获取收益，转向通过有效的竞合来共同创造并分割收益，而不能只关心自身在价值分割当中的利益最大化。换言之，在数字化系统的设计与部署中，不能仅仅从自身业务运营和组织管理的视角来考虑那些跨组织变革的数字化系统设计，而要兼顾帮助商业生态系统中的合作伙伴降低成本、提升效率以及挖掘价值，也包括提供一些数字化工具来帮助它们有效地实现这些目的。

与此同时，在商业生态系统治理规则的设计上，还需要考虑一个人们常常忽视但对于数字化系统设计和部署至关重要的问题——数据价值的非对称性。我们知道在数字化供应链这类系统的设计和使用过程中，核心企业需要供应链上的合作伙伴将它们的业务数据在系统中开放、沉淀和共享。虽然从理论上而言，供应链上数据的共享和透明可以有效缓解信息不对称和降低交易成本，但是当参与者共享它们的数据的时候，即使不考虑数据提供可能存在的成本，不同参与者从这些数据集合（data pool）中能够获得的收益通常是不对等的，甚至可能存在非常悬殊的差异。这是因为不同参与者在数据的分析和利用能力上常常是有差别的，且这些数据与各自业务属性的匹配性也有差别，由此天然地影响到它们利用数据来改进业务和组织管理决策上所能获取的潜在收益。尤其是，一些业务数据可能会被参与者视为敏感数据、会影响自身的竞争优势，它们在提供这些数据时会存在担忧。因此，如何从技术上、从治理规则设计上有效地解决数据价值的非对称性问题，对于设计、部署和运用数字化系统非常关键并具有挑战性。

产业互联网兴起带来的融合与生态化特征

产业互联网是基于互联网，对各个垂直产业链及其价值网络进行重塑，从而形成的新型经济形态，是"产业之基"叠加"互联之势"。随着信息技术和互联网平台的迅速发展，数字技术在优化生产要素配置方面发挥了重要作用，促进了互联网与传统产业的深度融合，造就了产业互联网的迅速兴起。越来越多的企业立足于原有业务，定位产业参与者的需求，丰富业务组合并参与搭建产业互联网。这其中包括许多传统行业的龙头企业构建的产业互联网，例如钢铁行业的宝武集团搭建钢铁交易平台欧冶网；物流领域的顺丰集团打造的顺丰捷达等。

产业互联网由于其构成要素的特性呈现出显著的融合与生态化特征。生态内的参与者相互融合和赋能，产生高效生态协同作用。以小米缔造的生态圈为例，小米最初依靠出色的智能手机研发、生产和销售，与产业链中的其他伙伴高度融合共享——输出软件系统开发、销售渠道通路等，吸收前沿技术创新、用户的相关数据、产业金融服务等，使得小米从一艘"大船"进化成一支生态"舰队"。⊖

在产业互联网中，基于生态化的融合这一显著特点主要体现在两个方面。第一，消费互联网的发展使许多行业的需求端发生了一些显著变化，尤其是消费者呈现出越来越明显的个性化需求特点以及需求变化快速特点。为了更好地响应消费者的需求特点，很多产业都相应地发生了产业链裂解的趋向，也就是早期带有明显一体化特点的产业链逐渐在专业化分工的基础上进行分解，并且在每个价值链环节上都出现了大量的基于市场竞争关系而存在的专业化参与者，进而构成了围绕产业价值链的生态系统。而这些构成生态系统的价值链参与者之间既存在着合作关系，也存在着一定的竞争关系。如何将这些具有竞合关系的参与者整合成一个在效率、柔性上具有良好平衡的生态系统，就非常依赖于产业互联网内的融合机制。第二，产业互联网在很大程度上会打破传统意义上的行业边界，使得产业互联网常常需要将原本分属于不同行业或业务类别的价值链进行融合与重构。譬如车联网对汽车产业的发展产生的影响，我们甚至需要重新定义"汽车"这个产品的概念，而且人工智能、物联网和互联网技术的融合将导致汽车产业的主导力量也发生转换。

伴随着产业互联网的快速兴起，互联、智能技术如何完成融合并且成为产业互联网的底层基础设施，已经成为一个需要解决的关键问题。智能

⊖　资料来源：《哈佛商业评论》官网，《以产业互联网打造卓越企业的第二增长极》，2022 年。

互联网以物联网技术为基础，以平台型智能硬件为载体，在产业各参与要素之间进行信息采集、处理和分析。这些互联智能技术将从如下三个层面为产业互联网的发展赋能。

（1）匹配：高效完成实时并发的用户需求与离散分布的价值提供能力之间的匹配。如今的用户需求时常呈现出两个特点，即快速变化和多点并发，例如人们对手机的期望从 9 宫格按键到 26 个英文字母按键再到只有一个按钮的触摸屏不过短短数年时间，市场上也同时存在对手机有不同性能要求的客户，例如一些客户更看重高像素而另一些客户对电池续航比较敏感等。与此同时，满足相应需求的企业离散地分布在产业链的不同位置甚至并非属于一个产业，而互联智能技术由于其具有高速移动的特点和大数据分析的能力，能在短时间内准确匹配用户需求和价值提供能力，提升整个产业链的效率。

（2）响应：帮助企业实时响应其价值链上下游的变化，帮助整个产业价值链快速响应外部环境及市场需求的变化。例如家具行业的美克家居，在战略伙伴 IBM 的智能互联技术支持下，利用信息物理系统（CPS）创造出新的智能生产环境。具体来说，在生产链上利用机器人实现自动化生产，降低对人的依赖，以更快速地发现和响应价值链上下游的各种变化，实现全产业链智能交互，并引入自动化生产线（例如柔性的组装线）来快速响应外部环境及市场需求的变化。[○] 总的来说，互联智能技术提高了企业乃至整个产业链的生产效率，创造了新的价值。

（3）整合：将分处于不同行业及业务领域内的价值提供能力整合成一个高效率的生态系统，并且帮助整个系统获得协同效应。例如海尔集团推出的卡奥斯互联平台，以智能互联技术为抓手，通过整合采购、仓储、软

件、硬件等封装的服务及设备，组成了高效率的产业生态系统，实现了为客户提供前期咨询与解决方案的价值撬动点，提升了客户满意度，并带动了其他业务的快速深入发展。

数据治理

在数字化快速发展时代，数据作为经济体系的新要素，促进了企业的数字生态建设以及各要素在生产、分配、流通、消费各环节的有机衔接，帮助产业链和价值链优化升级。但同时值得注意的是，数据也为企业在数字化快速发展过程中带来了一定的无序或冲突。因此，"数据治理"应运而生。

作为数字资产，数据在产业链中的不同企业间扮演着重要的角色，由于其传输的便捷性和低复制成本，一定程度上增强了企业之间的联系、增加了企业间的黏性。例如一家制造业企业若需要借用其合作伙伴的货车来运输产品，势必需要花费一些时间和金钱，而合作伙伴的账目上也会多出一条折旧费，但如果一家电商企业想要从合作伙伴处调用消费者数据，也许只需要花费几分钟的时间，并且这些数据也不会因为被使用而折旧。但也正是因为数据资产使用的便捷性，造成其归属关系的双重性（即所有权和使用权）比以往任何时候都更为重要。我们可以回到刚刚那个简单的例子，一辆货车的所有权和使用权非常清晰——谁拥有机动车登记证书即拥有所有权，而租借方只可能在规定的时间内使用；但数据的所有权和使用权相对来说更加复杂，其接近于零的复制成本导致所有权和使用权之间的边界呈现模糊性。而且许多知识具有知识属性，即"在看到的那一刻便拥有了它"，例如某手机厂商具有其手机销售数据的所有权，但若将这些数据发送给了合作伙伴，那么合作伙伴便也拥有了这一数据资产，这进一步增加了数据所有权和使用权之间边界的模糊性。

数据治理的复杂性和重要性还不止如此，产业互联网中的数据透明性也是一个具有冲突、需要平衡的问题。一方面，数据透明会提升整个供应链和商业生态系统的效率，我们可以试想，如若整个商业生态系统中所有企业的相关数据完全透明，将极大程度上减少企业间的沟通成本并增加彼此间的信任和决策的准确度，例如区块链上的每一个节点个体都可以在不与其他节点沟通的情况下快速掌握链条上的所有数据信息并做出决策。但另一方面，数据透明也同时会改变生态系统竞合体系的议价能力分布，虽然整个生态系统的效率将会得到提升，但对于那些将数据作为核心资产的企业来说，完全的数据透明将会让它们的价值荡然无存，而拥有更强数据分析能力的企业或者以往需要依赖于精确数据才能进行终端产品生产的企业将在生态中拥有更大的议价能力，这也是战略领域中经典的"分更多的蛋糕还是将蛋糕做大"的问题。例如，众多内容产品（如抖音、今日头条等）每天给用户推送基于算法的定制化内容，在培养了大量黏性用户的同时也使得不少用户抱怨身处"信息茧房"，对于算法透明的呼声越来越大。因此算法的透明一方面可以缓解大众疑虑，另一方面可以使内容产品得到进一步发展，培养出更多的潜在用户，但众多头部企业都明确拒绝或是语焉不详，只有今日头条在 2018 年举办的"让算法公开透明"分享会上公开了今日头条算法推荐系统。[⊖]这也在一定程度上说明了数据透明存在的矛盾之处。

因此，对于产业互联网来说，数据资产的所有权及其治理将成为其在发展过程中需要解决的重要问题。

⊖　资料来源：人民网。

　　事实上，消费互联网的发展已经引发了我们对于数据和隐私问题的关注，而在产业互联网的发展过程中，数据资产的所有权及其治理问题还将带来更为复杂的影响。消费互联网与产业互联网的融合发展，以及产业互联网本身的数据驱动特征，使得数据资产的重要性在不断地上升。而这也将带来两个方面的问题。第一，对于产业互联网中的企业个体而言，数据资产是它们构建自身竞争优势的基础，为了维持差异化的竞争优势，它们有明显的动机去保护资产的独占性。另外，数据的充分共享往往是提升整个价值链系统效率的基础，没有数据的充分共享，协调和协同是难以真正实现的。这两种相反的思考方向之间存在的潜在冲突，就成为产业互联网需要探讨的问题。第二，数据资产在一定程度上带有共同专业化（co-specialized）特点，也就是说，这些数据资产有可能会依赖于关联合作方之间的合作关系。而这些数据资产的所有权分割或在生态系统内的分布变化，将会对关联合作方之间的利益分割产生重要影响，因而需要建立一些合理的治理规则来处理数据资产关联方的合作与竞争关系。

第 9 章

步骤 6：

希冀与惯性的博弈——
数字化转型中的变革

数字化转型是一场蕴含风险的大规模组织变革

数字化转型对于企业而言无疑是一场大规模的组织变革。企业从业务形态、组织架构、业务流程乃至组织文化，都需要做出相应的调整与变化，以适应数字化所带来的改变。这种变化将会不可避免地蕴含着风险。

如前所述，流程体系的优化是企业数字化的基石。因此，企业数字化转型会对业务流程体系进行多方位的调整。由于流程承载了企业业务运营与组织管理几乎所有的活动，加之数字化过程中一些调整优化后的流程可能与以往的流程有明显的差异 ○，人们适应这样的变化通常是需要时间的。我们知道，人类的天性是不喜欢变化和不确定性的，变化的背后意味着未知，而对未知的恐惧则伴随了人类生物进化与社会进化的漫长岁月。正如丹尼尔·卡尼曼（Daniel Kahneman）○所言，"规避损失的吸引力，要比获益的魅力更大"。

数字化转型也意味着企业将会越来越明显地呈现出我们在第3章讨论的"智能""敏捷""精益"等特征，组织在线化、流程在线化、数据驱动的决策方式以及对数据和数字技术的渗透式应用，将需要组织内从管理者到员工掌握一些新的技能，来处理业务和组织管理的日常工作。这种对于新技能的要求，一方面会改变原有技能对于组织的价值，进而潜在地改变权力与利益在组织内部不同的个体、团队或者部门间的配置；另一方面，

○ 这实际上也是数字化转型能够提升效率的重要原因，因为数字化给了企业以全新的逻辑和技术实现手段来重新设计业务流程的机会。

○ 丹尼尔·卡尼曼因其在行为经济学领域的贡献获得了 2002 年诺贝尔经济学奖。

也会使得人们需要学习与掌握这些新技能，这也就成为一个普遍性的挑战。例如，在人们刚开始使用钉钉来进行在线会议的时候，对一些功能的使用及系统的配置可能还不是非常熟悉。这种学习新技能和适应新流程的过程可能会导致人们在适应阶段时生产率不升反降，从而在组织内部引发对于变革的抗拒心理。

不仅如此，数字化转型还有一层隐含的变化，那就是组织文化层面的变化。从某种意义上说，在组织文化方面面临的挑战会比掌握新技能更难以驾驭。这是因为在企业数字化过程中，许多业务与组织管理活动需要与以往完全不同的思维逻辑和思考方式：如何理解客户在业务流程中的关系？如何基于快速的迭代进行试错？如何用数据而非经验和直觉来驱动我们的决策？如何在组织内部包容更大的多样性以释放个体与组织的创造力？为此，《哈佛商业评论》在 "The AI-Powered Organization" 这一辑中做出这样的评论："在打造 AI 赋能的组织当中，技术并非最大的挑战，文化才是。"

这些潜在风险的存在使得许多推行数字化转型的企业都在不同程度上遇到了困难和挑战。为了降低数字化转型的风险，许多企业采取了一种基于"试点"的渐进模式来实施数字化变革。不过即便如此，还是有不少企业遇到了困难。Digital McKinsey 在《制造业数字化转型取得成功的六大因素》中提到："大多数制造业公司遭遇了所谓的'试点磨难'，如何跨越试点阶段成为巨大挑战。"从报告给出的调查数据来看，这些阻碍试点走向推广的因素主要可以划分为三类：缺少扩张的资源 / 知识；缺少与价值、成本和有效性相关的感知 [⊖]；缺少领导支持与关注。

⊖ 这类因素也是调查当中涉及最广的因素（涵盖了大多数的问项）。这主要是因为数字化转型通常会被企业视为一项投资行为并采取投资项目的逻辑来进行管理。投资回报率和收益确定性会在很大程度上决定管理决策者是否愿意在数字化上进行进一步的投资。

数字化转型应该由谁来负责与推进

数字化转型是一种带有全局性的组织变革，并且在时间上具有一定的跨度（通常被设定为6～36个月），因此它的系统推进需要有一定的组织架构设计来支撑。最为关键的是，数字化转型应该由谁或哪个部门来牵头负责？在实施的过程中，谁应该参与？这些参与者之间如何协调？

在以往企业的实践当中，企业数字化转型大多被视为数字技术或信息技术问题，所以常常让信息技术部门负责。这样的做法并不能算是错的，因为企业数字化转型不论是由企业自身力量来主导完成，还是借助第三方服务商完成，都涉及大量的与信息技术相关的对接内容，这种专业性的要求就使得信息技术部门成为企业数字化转型的天然人选和重要参与者。

不过，来自德勤《2016全球数字化工调查》报告的数据（见图9-1）或许能让我们"管中窥豹"，了解企业数字化转型中的一个趋势性变化。

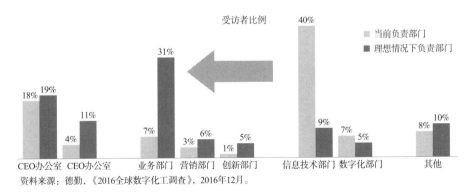

资料来源：德勤，《2016全球数字化工调查》，2016年12月。

图9-1　德勤《2016全球数字化工调查》报告

调查数据显示，CEO办公室、信息技术部门、业务部门、营销部门、创新部门在实践上都有可能作为牵头部门，而就现状而言，信息技术部门作为牵头负责部门的比例是最高的，占受访者比例为40%。不过，当被问及理想状态下应该是哪个部门来负责的时候，比例最高的却不再是信息技术部门，而是业务部门。

业务部门之所以会被赋予如此关键的任务，主要是出于如下两个重要原因。第一，数字化转型的关键目标之一是为企业业务赋能，需要通过推动业务增长和效率提升来实现数字化转型的投资回报。由于数字化系统设计的底层逻辑实际上是需要由业务来输入的，并且业务流程背后存在着大量的细节，这些细节只有那些真正使用流程的部门才会有更为深入的理解和直观的体验，因此如果没有他们的深度介入，数字化转型很可能在实践落地上出现可用性问题。让业务部门负责的背后也是一种管理观念的变化——数字化系统的实质并不是强化管理部门的管理与控制，而是借助于数字化系统让管理部门更好地服务与支撑业务部门更高效率地完成业务。第二，如果把数字化系统看作一个待开发的产品，信息技术部门与业务部门分别代表了产品的开发者视角与产品的使用者视角。我们知道，本质上产品并不是用户真正需要的东西，而是为了满足用户需求、将价值传递给用户所使用的载体或工具。因而，产品开发活动越来越强调用户的介入以及如何从用户视角来设计产品。

当然，这里也有一个实践上的问题根源，那就是不同部门在数字化转型上的注意力配置会有很大的差异。我们曾经遇到过这样一个案例。一家制造业企业的CEO让信息技术部门负责人来牵头规划与实施数字化转型。结果在访谈中信息技术负责人提到在设计数字化系统时，他们需要从业务部门收集相关的需求信息。不过由于业务部门主要的注意力都放在业务绩效上，他们在被问及数字化系统需求的时候一开始说没时间，被多次追问后仅凭感觉回答了一些需求信息问题。结果在数字化系统规划方案出来之后，业务部门反而多有抱怨，觉得未能很好地处理他们真正的需要。而信息技术部门也很为难，因为他们也无法凭空生成细节，并且由于业务部门通常在整个企业内部都具有较为强势的地位，所以信息技术部门很难直接推动业务部门在数字化转型上深度参与。

华为公司的管理变革也可以很好地印证这一点。华为自 1998 年正式实施集成产品开发（IPD）开始，之后进行的大量管理变革都与信息系统紧密相关，从而带有了明显的数字化转型特征。在这些管理变革活动中，华为非常注重让来自业务线的骨干直接主导与参与管理变革的设计和实施过程。这在很大程度上保证了这些变革后的系统与流程体系可以真正地帮助业务部门实现生产率的提升。

不过在这里我们需要指出的是，问题的关键并不是"应该由信息技术部门还是由业务部门来主导数字化转型"，因为不同部门来主导数字化转型都有一些成功的案例，也都有获得成功的可能性。问题的实质是，选择企业数字化转型的负责部门或团队时需要思考：企业数字化转型的成功实践需要建立在对业务、技术、管理这三个维度的深入理解之上，负责数字化转型的团队或部门在构成上需要业务、技术和管理这三条线的共同参与，并且负责的部门需要对变革管理有响应的能力和经验。所以，企业数字化转型的负责部门在形式上可以是组建的跨部门的数字化转型管理团队、总经理办公室、信息技术部门、业务部门或者是其他任何具备上述条件的部门或团队。

此外，从数字化转型的实施过程来看，我们需要围绕数字化转型建立起三类组织上的保证：数字化转型的领导（决策）团队、数字化转型的核心团队、数字化转型的配合团队。领导团队负责对数字化转型中的一些关键问题（例如预算与资源投入、战略规划等）进行决策，并且负责移除数字化转型过程中遇到的关键障碍，但是他们主要的任务是进行关键决策，并不会介入数字化转型的具体实施过程。核心团队主导整个数字化转型的具体实施过程，负责协调来自多个职能和部门在数字化实施过程中的参与；而配合团队则是数字化转型实施过程中涉及的具体职能或部门，他们更多站在数字化系统的关联使用方视角来配合数字化转型的推进。

高层管理者的支持是数字化转型成功的基础

微软公司在《数字化转型：通往成功的七个步骤》中指出："对于数字化转型而言，技术是一种手段，而不是目的。数字化转型关乎领导者、领导力，以及人。"数字化转型作为一种综合性的组织变革，需要来自高层管理者的全力支持，这甚至是数字化转型能否获得最终成功的关键所在。所以我们经常将数字化转型形象地称为企业的"一把手工程"。

这里有一个有趣的问题：什么是所谓的"高层管理者的全力支持"？我们可以发现，几乎所有开启数字化转型的企业，高管团队（尤其是CEO）都会在启动会或动员大会上明确地表态，表示将全力支持数字化转型工作的推进，以及对数字化转型的决心。不过，这种口头的表示并不代表真正意义上的全力支持。

真正的支持首先体现在变革与业务之间的选择上。对于高层管理者而言，用付出的成本来证明自己的决心，在说服力上远远胜过语言上的表达。我们常说，行胜于言。那些在关键的取舍上人们所做出的选择（换言之，这类选择都是需要付出代价的，那些被舍弃的选项就代表了所付出的机会成本），才能真正体现他们内心看重的价值。数字化转型作为一种大规模的组织变革尤其如此，因为变革的背后就意味着需要做出一系列的取舍，舍弃以往人们已经非常习惯的做法本身就是一种选择行为。更为重要的是，我们知道数字化转型作为一种变革，通常属于重要但并不一定紧急的事项。相比之下，业务则代表着具有紧急性的事项（虽然它们当中只有一部分属于既紧急又重要的事项）。虽然时间管理的原则告诉我们，那些重要但并不紧急的事项不应该被无限期地后推，但在人们实际的行为选择上，业务的优先级往往被置于数字化转型这一类重要但并不紧急的事项之上。尤其是当管理者们面对来自资本市场、股东的压力或绩效考核压力时，若业务与数字化转型之间存在着时间、精力或管理注意力上的冲突，他们的选择会偏向于业务。

高层管理者的支持也体现在对数字化转型成效的战略耐心上。《哈佛商业评论》给出了这样一句话："领导者们所犯的最大错误之一就是把 AI 视为一个能带来即刻回报的即插即用型技术。"数字化在一些特定的场景下确实能够在短时期内带来可见的回报，但更为常见的情况是真正的回报需要在数字化转型大规模地在组织内完成后产生，并且会随着时间的推移更为充分地被释放出来。而在此之前，由于需要扭转组织的惯性、人们需要学习一些新的技能以及需要时间来适应新的数字化工作情境，如此之类，数字化转型有可能在相当长的时间里更多地体现为一种投入，一种对未来的投资。甚至在一些情形下，还会出现工作效率、组织生产率的短期下降，组织内部也会出现不少对数字化转型的怀疑、质疑乃至反对。如果缺乏足够的战略耐心，高层管理者们有可能半途而废，倒在"黎明之前的黑暗时刻"。如何度过这样的"至暗时刻"，毫无疑问是对高层管理者领导力的重要考验。

从更为长期的角度来看，高层管理者的支持还体现在对组织文化的重新塑造与对数字化远景的构建上。数字化转型的背后需要一种新的组织文化来提供支撑力量，而组织文化的变革和重新塑造无疑是一个长期而巨大的挑战。因为组织中的改变最终取决于人的改变，而文化这种隐含在组织内人们的思维与行为方式背后的因素，它的改变是非常困难的。正如世界经济论坛（World Economic Forum）与埃森哲联合发布的《行业数字化转型：数字化企业》（2016）报告指出的——"数字化转型无疑是一项艰巨挑战，它将通过善于接纳的企业文化，为各种流程需求提供支持。构建这种企业文化和推动数字化转型的责任最终将落在首席执行官的肩上。很多企业已经认识到这一点：研究发现，38%的大型企业数字主管表示，首席执行官对树立自身企业的数字化愿景和战略负有不可推卸的责任。"

驾驭组织与文化的变革

数字化企业在组织设计上会面对一些新的变化。在经典的组织设计当中，人们已经建立了一些经典的原则，例如组织的专业化分工与协作、集权与分权的平衡、权责的对等性，等等。数字化企业作为一种新的组织形态，许多经典的组织设计原则在很大程度上依然有其适用性。不过，随着数字化企业的出现，一些特征虽然在经典组织设计中也会被强调，但如今有了更大的必要性及得以发挥的空间，而一些新的特征也会随之出现并带来新的组织设计要求。

在如下的讨论中我们并不打算对这些数字化企业组织设计的原则逐一枚举，这一方面是由于篇幅限制；另一方面，数字化企业存在着众多的衍生特征，对其如何讨论取决于我们选择的分析视角。因此，在下述讨论当中，我们选取了若干最为典型的新特征加以阐述。

首先，"平台化架构、流程化管理、项目型组织"正在成为数字化企业的常态。具体而言，企业管理总部在整体意义上更类似于成为一个"平台"，这个平台对内将组织内部的资源、能力、业务变成一个小的生态系统，支撑内部创业与创新，对外则将供应商、合作伙伴乃至竞争者链接成一个存在着竞合关系的外部生态系统（或者说网络）。平台扮演的角色更类似于协调者、整合者和赋能者。流程化的管理则意味着流程成为整个数字化企业运转的基础，业务活动、资源配置、能力调用都基于流程（包含内嵌于流程的算法与规则）来形成闭环。项目型团队则成为完成业务活动的基本单元，业务活动被分解为项目来实施、管理与考核，项目完成之后，团队所拥有的资源和能力将被释放并重组。通过这样的组织设计，可以最大限度地实现集权与分权、效率与灵活性之间的动态平衡。

其次，整个组织在组织结构、流程、文化上，都会更为强调"以客户为中心"（customer-centric）。在以往时代，虽然企业也会强调以客户为中心的理念，但存在着一定的局限性，那就是由于在理解与洞察客户需求上缺乏充足、实时的信息和数据，导致我们只能去"猜测性"地预测用户需求，进而在整个内部业务流程的运转上还是以自身"自内向外"的方式去实施，因而本质上还是更接近于"推式"而非"拉式"。在数字化企业当中，由于数字技术与系统的支撑，企业可以把"从客户需求开始、以客户需求满足结束"这样的"端到端"理念发挥到淋漓尽致。另外，在数字化企业当中，用户（或顾客）并不仅仅扮演着被动的价值接受者，企业可以通过一些方式让用户（或顾客）参与到价值设计、价值创造、价值提供的过程中，从而将企业与用户之间的单纯交易关系转变为价值共创关系（value co-creation）。

再次，数据透明（transparency）与活动可计量性（accountability）也

成为数字化企业组织设计中非常重要的特征。数字技术使得所有的业务与管理活动，包括个体之间的互动关系、资源与资产的物理状态、企业与客户之间的互动等，都会以数据的方式保留痕迹，并且这些数据在权限许可的范围内会被最大限度地在组织内部共享、分析和利用，从而有效降低组织内部与组织之间的协调成本、提升业务与管理效率、提升业务与管理决策的有效性。数据驱动特征会在组织结构与流程设计中体现得越来越明显。并且，随着环境变动节奏的加快，实时数据的生成、利用以及实时决策的要求，都会改变企业内部的运转方式与节奏。与此同时，由于所有的项目、活动、资源、人的状态及变化都可以数字化，因而业务活动和绩效的可计量性会极大地提升，这也将改变我们对于管理与控制体系设计的方式，也会改变我们考核和激励员工的方式。

最后，日益增强的对赋能（empowerment）与创新（innovation）的关注也会成为数字化企业组织设计中的基本趋势。对员工和组织赋能，既意味着将赋予他们越来越大的自由发挥的空间，以释放每个个体身上天然内含的主动性与创造力；同时也意味着，企业需要在数字技术的支持下，从数字系统的设计到算法的优化，再到数字化工具的开发，为员工提供越来越多、越来越强大的赋能工具，提升他们的生产率。在此过程中，从微观层面来看，创新既是赋能的结果，也是发展赋能机制与工具所需要的基础；从宏观层面来看，创新驱动的增长将会成为数字化企业追逐的目标，并为企业带来更为持续、更为巨大的增长机会。

要成功地驾驭数字化转型所带来的变革与挑战，企业如何依据自身的数字化成熟度来构建具有匹配性的组织文化，就变得非常有必要了。《麻省理工斯隆管理评论》和德勤在联合发布的《迎接企业的数字化未来》（2016）中对处于数字化早期、发展期、成熟期的企业，从敏捷性、风险偏好、决策、领导结构、对工作的态度、工作方式等角度，给出了相应的组织文化，并强调数字化成熟度与组织文化之间相互匹配（见图 9-2 ）。

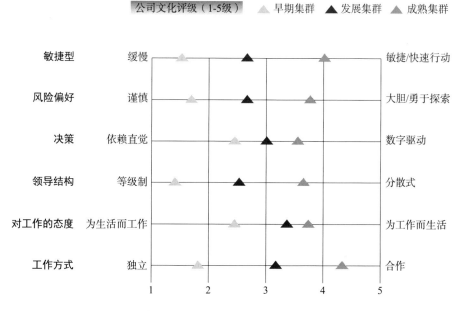

图9-2　数字化成熟度与组织文化之间的匹配关系

与此同时，数字化企业在组织结构上也需要一些适应性的变化。一些走在数字化前沿的公司也正在对此进行实践上的探索。以汽车行业为例，我们知道已经有不少公司为了适应数字化趋势正在改变它们的产品开发组织结构或业务组织架构。与传统汽车企业基于职能划分以及层级式的开发组织不同，特斯拉尝试建立规模更小的、以敏捷赋能的开发团队，该开发团队包含如下角色：项目高层管理者（program executive），保证跨产品的整合；产品所有者（product owner），对产品架构定义、客户成功标准和产品特征资源需求负责；产品特性开发者（feature developer）；端到端的质量工程师（end-to-end quality engineer）。作为汽车零部件巨头企业，博世公司也成立了新的"智能驾驶与控制事业部"，将原先分散在各个业务单元的软件工程资源与能力进行整合，强调跨越融合、业务协同，以支撑 3S（传感器、软件与服务）战略，加速向软件驱动企业转型。

组织变革的实施技巧

所有的组织变革普遍存在三大阻力：对现状的满足、对未知的恐惧、对利益损失的担忧。这三大阻力本质上源自人类的天性，这也是这些阻碍变革的因素具有普遍性的根本原因。对现状的满足意味着如果企业大多数人都对现状非常满足，那么他们采取行动去改变现状的可能性会大大降低。我们常说"温水煮青蛙"，这可以让我们理解为什么组织抗拒变化，尤其是那些曾经非常成功的企业，即使环境已经在不可逆转地发生一些变化，他们依然停留在自己的舒适区里。从这个意义上，"青蛙"其实是"舒服死的"，而不是被"温水"（令人感到舒适的环境）给"煮死的"。要想打破这样的怪圈，高层管理者需要有意识地在组织内部建立具有危机意识的文化。对未知的恐惧也是人类在漫长的进化过程中形成的本能，因为客观上这种对于未知的恐惧可以帮助我们对外部环境更为警觉，从而提升我们在严苛环境中的生存概率。以这样一种逻辑来看待组织变革，人们之所以对组织变革有抗拒心理，在相当大的程度上是因为高层管理者未能就变革的愿景、必要性以及变革的大蓝图与员工进行必要的沟通并让他们能够从理解到接受。因此，在数字化转型过程中，良好的沟通是变革取得成功的重要前提。对利益损失的担忧，则是因为数字化转型引发的变革有很大的可能会使人们在收入、机会、权力和价值上受到冲击与改变。这就意味着针对利益相关者的诉求进行分析并采取良好的沟通策略与对冲策略变得非常关键。基于上述理解，我们对于数字化转型可以给出如下管理技巧。

原则一：所有的变革都需要在事前确定明确的、可衡量的目标。许多企业在实施数字化转型之前，会为数字化转型设定一些战略性目标，例如"打造一流的数字智能企业""成为XX行业的数字领导企业"等。然而这种变革目标是很难真正产生作用的。原因在于，数字化转型对于企业而言是一场自上而下、全员参与的变革过程，所有的个体、团队、部门在这场变革中需要建立起一致的认知及行动的方向。由于组织内的大部分人并不像金字塔顶端的人那样具有更为多元的信息来源、更为全局的视角，他们不论是在正常的组织流程当中还是在变革过程中都要承担非常具体的工作细节，并且这些工作活动当中有相当一部分是重复的。对于组织当中的大多数人而言，那些过于宏大的目标与他们所从事的具体工作活动之间的连接关系并不是很容易建立和理解的。并且，对于需要逐步规划和实施的数字化转型而言，过于抽象或者宏观的目标很难让实施者有一个明确的基准来判断自己所完成的工作是否正在帮助企业逐步实现预定的目标，这就使得保持变革过程在时间和方向上的一致性很难确认与控制。因此，如何将数字化转型目标设定成明确的、可衡量的战略目标，是一个非常重要的步骤。我们可以运用第5章中的内容来帮助我们实现这条变革管理原则。

原则二：将变革视为项目来进行管理，并遵循"局部突变＋全局渐变"的原则。所谓"九层之台，起于累土"。数字化转型不论在时间跨度上还是在实施范围上，都是一个渐进式变革过程。因此，尽管在数字化转型之初需要有一个全局性的规划，但实施时却需要采取"局部突变、全局渐变"的策略。"局部突变"是为了给组织带来真正的改变，以充分地释放数字化赋能的力量，避免组织陷入以往的惯性陷阱。这种局部的突变需要企业选择合理的变革切入点，并尽快产生短期可见结果（效果），由此给组织内的所有人以坚持推进变革的决心。正如之前的一些分析和数据所显示的，人们对于数字化转型的投入产出比的担忧，会在很大程度上削弱人们对数字化转型的信心。"全局渐变"则需要数字化转型具备一个保持一致性的实施计划和实施过程，渐变的目的是为了降低整个数字化转型的实施难度，采取用时间换空间的务实做法。在此过程中，将完整的数字化转型依据时间阶段和目标来分解成一系列的变革项目，就成为一个自然而然的选择。我们知道项目具有明确的时间起止点、项目的阶段性里程碑与最终目标、项目的所有者（责任人），项目管理中那些在以往实践中被证明行之有效的质量、进度、成本控制方法都可以在此过程中得到充分的利用。

原则三：将变革视为能力培养与提升的过程。除了完成数字化转型本身的目标，我们还可以从这场变革当中挖掘更多的价值。其中一类较为特别的价值就是把它变成一个培养和提升能力的过程，包括数字化系统的实施能力及综合性的管理能力。数字化企业的打造需要员工形成对数字化系统的理解和运用能力。从目前的实践现状来看，缺乏充足的数字化能力来支撑数字化转型是一个较为普遍的问题，因此如何有效地提升员工在数字化领域的能力就成为企业必须攻克的难关。如果说目前企业的数字化能力主要还是集中在信息技术部门的话，未来的数字化企业发展的大趋向就是数字化能力将会分布式地存在于企业内部，不论在职能分布上还是在层级分布上都会变得更为广泛，成为管理者与员工的基础技能（主要的不同可能是在这些数字化技能深度上的差别）。此外，数字化企业的管理者，尤其是那些高层管理者或即将成为高层管理者的人员，可以通过深度参与数字化转型建立起对组织管理、业务运营、信息技术的综合性理解，对管理问题的全局观与概念能力，以及跨越组织、跨越职能的管理技巧，这些对于需要驾驭数字化企业的管理者而言已经成为一种必需的胜任力。

原则四：建立变革冲击的缓冲机制。数字化转型涉及诸多的利益相关者，不同的利益相关者在变革中受到的冲击程度会有明显的差别，他们适应冲击的能力也存在着较大的差异。并且，组织内还面临着工作习惯、工作技能要求、文化与价值观的改变，这些都需要一个消化的过程。从变革本身而言，不论变革的过程如何设计，变革所带来的冲击是不可消除的，不过我们可以减少这些冲击引发的对组织变革的抗拒。之前讨论的"全局渐变"原则可以视为在变革整体实施过程中的一种缓冲策略。在变革具体实施方面，还可以采用如下一些应对变革冲击的缓冲机制。为了争取更多的支持力量，我们可以在变革中的特定时间段里（通常是变革的早期）采取必要的妥协，但这些妥协不能改变变革的大方向以及破坏变革的一些基本原则（尤其是那些对于最终目标至关重要的原则）。在变革的早期阶段要尽快创造一些阶段性的、可见程度较高的正向结果，这也是缓解内部阻力的有效手段。此外，利用"时间换空间"也是一种常见的缓冲机制，因为一个显然的事实是，人们对于新生事物的抗拒心态会随着时间的推移而逐渐减弱，尤其当这个趋势被人们认为是无法改变的时候。

在上述原则的基础上，我们可以针对企业在数字化转型过程中的阵痛给出一些解决问题的思路。事实上，数字化转型作为一个对组织影响巨大且可能持续产生影响的变革过程，组织中的个体常常会在数字化转型的过程中，尤其是在转型的初期，遇到组织生产率不升反降以及某些个体或部门的工作量在过渡时期急剧增加的问题。这种组织变革的阵痛无疑会导致组织内部出现明显的变革抗拒心理、对变革结果的怀疑态度以及对未来的迷茫。由于特定业务的数字化和传统工作没有实现妥善的交接，数字化工作对特定业务人员来说成了额外增加的工作。例如，企业财务人员不仅要在 ERP 系统中录入记账凭证和报表，还需要按照传统工作要求将凭证一页一页打印下来并加盖印章整理归档，银行的柜台业务也是如此。在这类现实情况下，数字化带来了工作速度的提升，却并未给业务人员节约工作时间，反而成为一项附加的烦琐工作。

　　建议 1：在数字化系统设计的最初，包括组织业务流程和管理流程优化的时候，需要将数字化系统视为帮助管理者和员工提升工作效率的赋能工具，而不是仅仅将其视为对组织和员工工作状态进行控制的手段。这就需要在数字化系统设计的最初，就将如何帮助员工提升工作效率、降低不创造价值的工作负荷纳入思考当中。甚至为了实现这一目的，在一开始就将涉及权责划分和公司治理的复杂问题作为新的组织架构与流程设计的前置条件。

　　建议 2：充分利用数字技术所具有的潜力。我们知道，随着数字硬件技术、软件以及算法的大量运用，这些技术手段可以在完成数据的抓取、识别以及格式转换上提供相对低成本、高效率的解决方案。这将极大地减轻组织内的个体在数字化转型过程中因工作方式切换而带来的超负荷的工作压力。

　　建议 3：在变革开始的阶段以及变革之后的各个过程中，分析员工需要的新技能和存在的技能缺口，进而有针对性地设计数字化转型技能提升方案。这既包括有效地运用数字化工具所需要的"硬性"技能，也包括应对数字化转型带来的组织冲击所需要的"软性"技能。与此同时，根据组织内的技能共性需要，建立专业性的团队来作为必要的技能提供者，以帮助组织中的个体在面对冲击阵痛时可以更好地实现平滑过渡。

　　建议 4：做好心理准备迎接那些必要的阵痛。换言之，即使是那些经过精心设计的数字化转型方案，依然可能出现一些很难避免的短期冲击，即使从长远来看这些冲击会很快过去或者被有效地克服。这意味着我们一方面要尽最大的努力来减少或缓冲这些潜在的阵痛，另一方面要秉承长期主义的理念勇敢地接受这样的挑战。数字化的光明未来是属于那些勇于拥抱变化并善于应对冲击的人们的。

第10章

步骤 7：

数字化转型的持续改进

罗马不是一天建成的

企业经过了前面的 6 个步骤到了这里，仅仅意味着数字化转型的旅程踏上了正轨，而企业可以走多远则是一个更为漫长的过程。有两句耳熟能详的俗语是 "罗马不是一天建成的"（Rome wasn't built in a day）和 "条条大路通罗马"（All roads lead to Rome）。数字化转型这一复杂过程又何尝不是企业在独属于自己的修行之路上不断向着理想中的罗马前行。

企业为什么需要持续改进？根据日本文明研究专家后藤俊夫的研究，日本具有百年历史的企业超过两万五千家，居世界第一，其中超过 500 年历史的企业有一百多家。而百年企业数量位居第二的美国仅有一千余家。日本企业的基业长青离不开根植在其企业组织文化中的持续改进（即 Kaizen）。这是一种在日本企业文化中根深蒂固的理念和实践，旨在通过不断的寻求和实施改进，不断提升产品质量、生产效率、员工参与度和组织整体表现。这个思想的核心是追求不断的进步和创新，以达到更高的标准和更好的结果。它强调长期目标和可持续性，而不仅仅是短期利益。无独有偶，据《哈佛商业评论》报道，对中国多个行业的头部企业进行研究后发现，这些企业之所以能够取得成功，正是因为它们具备持续创新的能力，例如创办于 1990 年的中国商业企业苏宁易购，从最初的空调代理到空调经销商，再到开展 3C 业务，直到如今寻求传统与电商业务融合，其在成长的过程中一直走在创新的道路上。为什么有的企业可以历经风雨而屹立不倒，但有的企业却只是昙花一现？那些穿越风雨的企业往往具有一个共同的特点：勇于突破稳定的态势，坚持持续改进。反之，我们可以看到，许多企业即使在某个时间节点上取得了成功，但没有经历持续的改进依旧难以解决其面临的根本问题。例如我们熟知的诺基亚，拥有出色的硬件制造能力，也曾完成了一系列的创新活动并取得了诸多技术突破，但错过了智能手机革命便奠定了后续的衰败。

那么，为什么数字化转型需要持续改进？正如我们在前面章节反复强调的，数字化转型是业务、管理和 IT 的集成，数字化转型是复杂的、非一蹴而就的。数字化转型的特征、企业及所处环境的特征、数字化转型与组织的适配都使持续改进成为数字化转型过程中不可被忽视的问题。

（1）数字化转型过程本身会伴随着动态变化，需要持续改进以适应不断变化的情境。当组织进行数字化转型时，它们通常会面临来自市场、技术和法规等方面的快速变化。持续改进使得组织能够及时适应这些变化，调整数字化战略以确保与外部环境保持一致。另外，数字技术的发展日新月异，新的工具和解决方案不断涌现。持续改进使得组织能够不断地探索和采纳最新的技术，以更好的方案解决企业的问题，提升数字化转型的效果。

（2）数字化转型是一个组织变革的过程，循序渐进才能真正提高数字化与组织的适配性。我们在施耐德电气上海工厂的物流中心看到这样一个例子。施耐德电气在数字化转型上具有相当丰富的经验，其最初的数字化实践是从改善企业全球工厂的内部运营开始的。此后，它们便开始尝试将这些从实践运用中测试并完善的数字化体系推进经验加以系统化，并作为服务提供给其他需要完成数字化转型的客户。我们或许会认为，由于施耐德电气在全球工厂已经建立了非常成熟的数字化服务经验，在上海工厂的物流中心中应该会直接运用那些高度自动化、在硬件和软件技术上较为先进的数字化系统。有趣的是，它们采取了渐进式的数字化策略，最初采取了将自动化系统与人工操作相互结合的混合生产系统，主要基于两个原因。首先，数字化转型本身可以被视为一个投资项目，而一项投资项目是否会得到高层管理者的批准和支持，在很大程度上取决于这个项目的投资成本收益比是否能达到既定标准，考虑到数字化转型内含的风险，过于追求自动化和先进性可能会使投资收益比缺乏吸引力。其次，全自动的生产线在设计之初有一个重要的前提，那就是业务形态和结构已经有相当程度的稳定性，以及现有的业务数据沉淀具备了相当的基础，由此可以通过基于数据驱动的分析和优化来设计出高效的自动化系统。如果这些条件未能得到很好地满足，全自动化的系统相对于混合生产系统而言反而缺乏必要的柔性和可重置性，在业务发生变化时会造成巨大的调整成本。这个例子也向我们揭示了这样一个重要的原则，那就是在数字化转型时不要盲目地单纯追求数字化系统的自动化或先进性。与此同时，数字化转型也会对组织的适应性有要求。正如我们在第 9 章中提到的，企业从业务形态、组织架构、业务流程乃至组织文化，都可能需要做出相应的调整与变化，以适应数字化带来的改变。

因此，持续或渐进的改进策略可以具有如下优势。第一，持续改进可以减少组织内部和个体的阻力与抵抗，突然的、剧烈的变革容易引发人们的不安和担忧，而渐进式的改变更容易被接受，因为它们给予了人们更多的时间来适应和理解变化的必要性。第二，持续改进给管理者和员工提供了学习和适应的机会，变革往往需要人们学习新的技能、方法和流程，持续改进让员工能够逐渐掌握新知识和技能，从而降低因不熟悉而引起的不安感。第三，大规模的变革可能伴随着较大的风险，包括预测不准确、资源浪费等，渐进式的推进方式可以在小规模试点的基础上进行扩展，以更好地管理风险并避免全面失败。第四，持续改进可以保持业务的连续性，在某些情况下，过于急速的变革可能会中断业务流程，影响生产和服务交付，通过逐步改变，可以避免这类不必要的中断。在某种意义上，我们可以把这样一个持续渐进的过程看作保持业务连续性与组织变化之间形成动态平衡的策略。第五，组织文化和价值观在变革中起着重要作用，持续改进的变革过程可以更好地与组织的文化和价值观相协调，减少文化冲突，且通过逐步推进，组织可以建立起更多的信任和合作关系，员工会更愿意参与和支持变革过程。第六，在变革过程中持续改进可以提高可预测性和管理控制的有效性，降低变革的不确定性，渐进式的变革过程更易于预测和管理，每个阶段的目标和时间表可以更精确地规划，帮助组织更好地掌控变革进程。

（3）企业具有异质性，数字化转型过程中的不同阶段也会遇到不同的问题。数字化转型作为一个发展过程会存在着不同的发展阶段，不同企业由于企业规模、数字化基础与经验、业务性质、环境特征不同而呈现出不同的转型阶段以及阶段性的特点。正如 IDC 数字化转型成熟度报告中所展现的（见图 10-1），企业的数字化阶段及其对应的核心任务存在差异，企业可能是数字化入门者（单点实验）、数字化探索者（局部推广）、数字化组织者（扩展复制）、数字化转型者（运营管理）、数字化颠覆者（优化创新）。数字化转型的目标可能存在差异，组织在业务流程及数字化转型过程中面对的瓶颈也是不同的，企业很难有直接可复用的解决方案，此时需要通过持续改进不断发现问题、分析问题和解决问题。

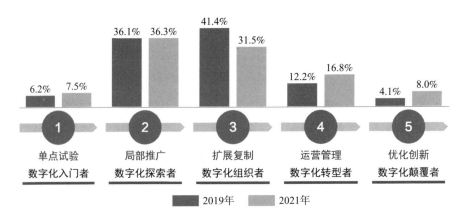

图10-1　企业数字化转型的典型阶段

（4）数字化转型没有真正的终点。我们在第 6 章中强调，数字化转型并不仅仅是一个技术问题，企业追求的也并非数字技术的高端，而是将数字化转型对组织的价值最大化。随着企业的发展，企业永远有新的、更高的战略目标，数字化转型也要不断地进化以匹配组织的目标。这是一个不断学习和创新的过程，在这一过程中，持续改进鼓励组织内部的学习文化和创新意识，从而在数字化转型过程中寻找新的机会和方法。

建立"数据文化"

2013 年 11 月 29 日，华为董事会常务委员会做出了评选管理体系中"蓝血十杰"的事宜决议，以表彰"对管理体系建设和完善做出突出贡献的、创造出重大价值的优秀管理人才"。任正非 2014 年在第一届"蓝血十杰"表彰的讲话中提到："'蓝血十杰'对现代企业管理的主要贡献，可以概括为基于数据和事实的理性分析和科学管理，建立在计划和流程基础上的规范的管理控制系统，以及客户导向和力求简单的产品开发策略。"简单来说，"蓝血十杰"用基于数据的管理体系取代了依靠经验和大量人力的管理体系。这种数据文化是基于数据和事实的，强调结果导向。

"蓝血十杰"将数据文化融入组织流程之中，我们无法否定这个理念在现代仍然有很大的借鉴意义。"数据文化"最根本在于一个组织内部根深蒂固的价值观、信念和实践，强调数据在决策和行动中的关键作用。这种文化鼓励员工积极地使用数据来指导他们的工作，并将数据视为改进和创新的驱动力。具体来说，在微软公司发布的研究报告《数字化转型：通往成功的七个步骤》中，强调了两个数据文化的重要作用：建立数据洞察力和鼓励试错。

（1）建立数据洞察力。数据洞察力是指通过深入分析和理解数据，从中获得深刻的见解和洞察。它涉及对数据背后的模式、趋势、关联以及隐藏在表面之下的信息进行识别和解释。数据洞察力不仅关注数据的表面含义，还注重挖掘数据之间的内在联系，以及这些联系可能对业务决策、战略制定和问题解决产生的影响。正如微软报告中提到的，数据分析所花费的总时间中有90%用于准备数据，还有10%用于分析数据，而这10%的重要性远远大于另外90%。这种数据洞察力可以帮助企业解释现有的问题和预测未来的趋势，一方面，数据洞察力能够将复杂的数据解释为易于理解的故事，以支持决策制定，这可能包括将数据可视化，以及解释数据之间的因果关系；另一方面，基于历史数据和趋势，数据洞察力可以帮助企业预测未来可能的发展方向，这对于长期战略和规划的制定具有重要意义。企业需要从基于习惯、直觉、观点或经验的决策，转变为基于数据的决策。

（2）鼓励试错，快速迭代。在数字化时代，市场竞争激烈，新技术不断涌现，消费者期望不断演变。因此，快递迭代和快速学习成了组织和个人在保持竞争力和创新性方面的关键策略。组织和个人需要不断进行快速的迭代和学习，以适应变化和创造新机会。一方面，在数字化时代，技术、市场和需求都在快速变化，企业需要保持对新知识、技能和趋势的敏感性，适应变化并迅速应用新学习的能力，基于数据，企业可以快速找到并拓展复制成功案例、避免失败案例的重演；另一方面，组织也需要快速地开发、测试和推出产品、服务或解决方案，基于数据进行快速反馈和改进，不断迭代，逐步满足客户需求，不断创造更有价值的产品或服务。

除此之外，数据文化也会体现在数据共享和透明度、员工数据素养、测量和评估绩效等方面，强调数据在组织内部的重要性，将数据视为决策、改进和创新的基础。这种文化不仅仅是一种行为方式，更是一种价值观和信念，有助于推动组织朝着更智能、更有效的方向发展。

基于PDCA的行动逻辑

在组织中，实现持续改进的关键在于，当错误发生的时候，重点并不仅仅是如何解决这个问题本身，而是在解决问题的同时，建立和运用闭环的工作方法，使得问题的解决更具有系统性以及更有效率。这是因为单纯地就问题解决问题并不足以保证这类问题不再重复发生，只有寻找到问题产生的根源并从根本上给出系统性的解决方案，才能真正封闭问题。在本节中，我们用 PDCA 这一典型的管理和改进循环模型，分析企业如何实现数字化转型过程中的持续改进和优化。

PDCA 代表 Plan（计划）、Do（实施）、Check（检查）和 Act（行动）。这个模型最初由质量管理专家威廉·爱德华兹·戴明引入，后来被广泛应用于各种领域，包括质量管理、项目管理、流程改进等。它强调通过循环往复的步骤来不断优化流程、项目和业务。基于 PDCA 的行动逻辑的四个主要步骤具体表现为：

（1）计划。在这一阶段，你需要识别问题、设定目标、确定方法和策略，换言之，你要规划如何进行你的行动，以达到预期的结果。

（2）实施。在这一阶段，你会实施具体的行动，根据计划进行任务的执行、操作过程的变更、产品的制造等，这个阶段是把计划付诸实践的过程。

（3）检查。在实施阶段完成后，你需要评估你的工作成果和执行过程，这包括收集数据、分析结果，以确认你是否达到了预期的目标，并对实施效果进行评估和验证。

（4）行动。基于检查阶段的结果需要采取适当的行动，如果实施达到了预期的目标，你可以将学到的经验应用于未来的工作。如果没有达到预期，你需要分析问题的原因，并采取纠正措施，再次回到计划阶段进行改进。

在 PDCA 的行动逻辑中，最核心的价值不在于某个具体的步骤，这个循环模型是连续的，每一轮循环都在前一轮的基础上进行改进。通过不断循环这个过程，可以不断地优化流程、解决问题，实现持续改进和效率提升。基于 PDCA 的行动逻辑强调了循环反馈、数据驱动的决策和持续改进的重要性，帮助组织在不断变化的环境中保持竞争力。具体而言，PDCA 的逻辑要嵌入到企业的流程持续改进与优化、企业管理者的决策过程优化和员工的行为习惯中。

在企业的流程中，PDCA 管理逻辑的嵌入可以帮助组织实现更高水平的效率、质量和创新，它在不断变化的商业环境中具有强大的适应性和应用价值。在计划阶段，组织确定改进的目标、范围和计划，涉及识别问题、机会或瓶颈，制定明确的目标和指标，以及规划改进的方法和步骤。将 PDCA 嵌入流程改进中，意味着在开始任何改进之前，都要有明确的计划，确保改进的方向和目标与企业战略一致。随着企业流程中计划改进措施的实施和检查，企业可以考虑将成功的措施纳入正式运营流程，不足之处可以根据数据和反馈进行调整。PDCA 提供了一种有组织、系统性的方法，确保改进是计划好的、可控的，并与企业战略保持一致。通过不断循环的 PDCA 过程，组织可以持续地优化流程，逐步提升业务效率和质量。

在企业的管理和决策过程中，PDCA 的嵌入可以帮助管理者更有效地进行决策，实现持续改进和优化，以及更好地适应快速变化的商业环境。管理团队从决策计划，到指导团队执行决策、分配资源、监督进展等，到检查与分析数据、评估绩效，再到延续或调整决策、优化方法，在这一个循环往复的过程中可以确保决策过程中的系统性规划。这种基于数据分析与反馈的循环使管理者能够基于客观的信息做出决策，而不是基于主观判断。这种快速迭代和持续改进的管理逻辑允许管理者根据检查阶段的结果进行灵活调整，以更好地适应变化的情况。同时，管理者可以在决策过程中不断优化，提高决策的准确性和效果。

将 PDCA 嵌入到员工的行为习惯中，可以帮助员工在日常工作中更好地持续改进和自我学习。在计划阶段，开始新的任务或项目之前，员工可以先制定清晰的计划，确定目标、方法和关键步骤。这有助于确保工作有条不紊地进行，并在任务完成后获得更好的结果。在执行阶段，员工积极参与任务的实施，确保按照计划进行，这可以涵盖任务的具体操作、工作流程、合作与沟通等方面。在执行后，员工可以将检查阶段嵌入到他们的工作习惯中，以便反思和评估工作，如可以定期回顾自己的工作进展、检查完成的任务是否达到预期结果、是否有改进的空间等。如果发现问题或不足之处，员工可以采取适当的措施进行改进，调整方法，以及在类似的任务中应用所学到的经验。员工将习惯地思考任务的计划、实施、检查和行动，从而实现更有条理和系统性的工作方式。员工在执行任务时，会思考如何更好地完成任务，注重提高工作效率和质量，以及减少错误。然后在下一轮循环中应用这些经验，从而逐步形成改进和创新的习惯。这不仅有助于提升员工自身的能力和表现，更有助于建立学习型组织，使员工积极参与问题解决和流程改进。

数字化成熟度的动态推进

正如我们在第 10.1 节中提到的，在数字化转型中，组织可以根据自身的需求和情况选择不同的数字化战略。每种战略都有其优势和挑战，具体取决于组织的文化、目标和市场环境。最重要的是，组织应该根据自身情况灵活地选择并结合不同的策略，以实现成功的数字化转型。那么，企业需要明确自身所面临的数字化环境、对应的数字化转型策略以及评估和提升数字化转型价值。

首先，企业可以评估自身的数字化成熟度。从确定数字化转型的策略目标来看，这可以帮助企业了解当前数字化水平，包括技术、文化、流程和组织等方面的情况，有助于明确数字化转型的起点，为进一步的计划和决策提供基础。另外，了解数字化成熟度可以帮助企业制定更具体和精确的数字化战略。根据评估结果，企业可以确定需要关注的重点领域，明确目标和计划，合理分配预算、人力和技术资源，以实现最大的效益。更重要的是，数字化成熟度也可以帮助企业监测数字化转型的进展，了解改进措施的效果是否达到预期目标，进而做出调整和优化，从而加强数字化能力以应对市场竞争。

其次，不同的数字化成熟度情境，可以考虑差异化的数字化转型策略。数字化转型过程中大概有 5 个不同的组织结构和策略：数字化机会主义（digitally opportunistic）、集中化（centralized）、混合式（hybrid）、分散化或去中心化（decentralized）和嵌入式（embedded）。⊖尽管我们常常强

⊖　资料来源：BCG 报告。

调，要使数字化深刻嵌入企业的流程中，这是数字化转型的目标，但这并非适用所有企业当下的发展阶段。

（1）数字化机会主义：这种战略强调在数字化领域寻找机会，并在业务中灵活地应用数字技术。组织在数字化机会主义下，可能会采取更加灵活的方法，根据市场需求和技术创新，灵活地引入新技术、业务模式和合作伙伴。这种方法注重快速响应市场变化，寻找创新机会，但也可能需要更好的风险管理和资源规划。

（2）集中化：集中化战略意味着数字化转型的决策和资源控制集中在组织的中心。这种方法可能有助于确保统一的战略执行，提供一致的用户体验，以及更好地管理数字化资产和技术。然而，集中化可能会导致企业决策缓慢和创新受限，因为所有的决策都需要通过中心层面进行。

（3）混合式：混合式战略结合了集中化和分散化的元素。组织可能在一些核心领域保持集中化控制，同时在其他领域允许更多的分散化和创新。这种方法可以平衡统一性和创新性，允许不同部门和团队根据自身需要来应用数字技术。

（4）分散化或去中心化：分散化战略强调在不同层级和部门中推动数字化转型，允许更多的自主性和创新。各个部门可以根据自身的业务需求和优势采用不同的数字化解决方案。这有助于快速创新和适应多样化的市场需求，但也可能导致"信息孤岛"和一致性的挑战。

（5）嵌入式：内嵌战略强调将数字技术融入业务核心，使数字化成为业务运营的一部分，而不是单独的项目。这种方法可以使组织更好地实现数字化的战略目标，提高效率、促进创新，但需要确保数字化与业务目标紧密相连。

事实上，我们可以从两个维度来描述上述 5 个数字化转型策略。第一，数字化转型采取集中化还是分散化的方式来完成？这个维度实质上由经典的组织设计原则衍生而来，因为随着组织规模的扩张，集中化与分散化之间的张力一直是企业在进行组织结构的选择与设计时需要解决的问题。集中化有利于企业通过规模经济或范围经济来提升效率，而分散化则有利于企业在面对环境的不确定性时保持灵活性。第二，在业务与数字化之间的关系上，是"业务数字化"还是"数字业务化"？如之前章节所讨论的，数字化转型涉及业务、数字技术与组织管理之间的融合。因此，企业在实施数字化转型的过程中，既可以通过业务数字化来降低成本、提升效率，也可以通过数字业务化将企业在数字化转型过程中积累的数据资产、数字系统设计与实施能力本身转换成新的业务，从而探索新的业务增长机会。通过这样的两个维度，我们可以将企业在数字化转型实践中所采取的策略划分为不同的策略类型，依据企业的数字化成熟度，采取差异化的策略进行管理。

那么，我们应该如何评估企业的数字化成熟度呢？评估企业的数字化成熟度是一个复杂的任务，涉及多个方面，包括技术、文化、流程和组织结构等。我们同样可以从技术、组织管理、业务流程三个视角出发来思考，这是综合维度的评估，而非单一视角的评估。

第一，从技术视角出发，可以评估企业的技术基础设施，包括硬件、软件、网络等方面的投资和应用。检查是否有适应数字化需求的技术设备和系统，评估企业是否能够有效地收集、存储、处理和分析数据。检查是否有数据分析和业务智能工具的应用，以及是否能够从数据中获取洞察。更高阶的评估可以着眼于数字化平台运营，例如基于数字平台的数据交互等指标。

第二，从组织管理视角出发，可以评估企业是否有明确的数字化战略和愿景，以及这些战略是否与业务目标一致。这可以通过审查企业的战略文件、领导层的言行一致性等来判断；在人员层面，评估企业员工及管理者在数字技术方面的能力和素质，检查企业是否有数字化培训计划，员工及管理者是否具备应对数字化挑战的技能；考虑到数字化转型的重要目标是打破部门壁垒，因此也可以评估企业是否鼓励创新和跨部门合作，查看是否有创新项目、创新文化和数字化创新的实践。

第三，从业务流程视角出发，在生产端，我们可以评估企业的业务流程是否经过数字化改进和自动化，检查是否有流程优化、自动化和工作流程管理的应用；在需求端，可以评估企业的数字化客户体验和员工体验，检查是否有用户友好的数字化界面和交互设计。企业也可以参考德勤在《中国零售企业数字化转型成熟度评估报告》中提到的多个指标：核心流程数字化、数字化客户和一致精准体验、全渠道接触点和内容、数字化商品和服务、数字化供应链。

同样，和我们在本章中反复强调的一致，数字化成熟度的动态演进应该被视为一个持续改进的过程，而不是一次性的任务。企业应该不断地审查和评估自己的数字化水平，找到需要改进的领域，并采取行动进行优化。企业需要不断探索新的数字化解决方案、业务模式和技术，以保持竞争优势。

第11章

凡是过往，皆为序章

确定最好的启动时机

我们首先可以思考的一个问题是：在什么情形下数字化会为企业带来更大的价值？因为这个问题的答案会决定我们将如何确定"最好的"启动时机。正如我们在书中序言部分所说的，这本书面向的是"数字化管理架构师"。对于他们而言，业务运营与组织管理无疑是他们思考数字化转型的出发点与焦点。而不论是在业务运营还是在组织管理的背后，所涉及的就是我们抽象为"管理"的活动。

我们通常将管理定义为"通过协调工作活动以实现组织目标的过程"。作为一种专业化的活动，管理为什么会产生？这可以归结为外部环境的不确定性、资源的相对稀缺性，以及管理活动的复杂性这些关键的因素。

外部环境的不确定性

我们经常说，在我们所处的时代，不确定是唯一的确定性。市场、技术的变化以及竞争都会引发不确定性，进而对企业的战略结果及运营绩效产生影响。企业在其发展过程中，为了实现效率目标，会建立一系列的规则、流程和程序，并且在进行管理决策时，企业会在以往的实践中建立一些关于环境和竞争的基本假设，以此为基础来做出相关决策。从一定意义上而言，企业在运用规则、程序这些确定性事物来对抗外部环境的不确定性。然而外部环境的变化与不确定性会导致企业的已有状态与目标状态之间出现失配，管理者需要采取一系列有组织、有计划的行动来消弭这两种状态之间的失配。考虑到经验法则大多都是建立在"历史会简单重演"或

"线性外推"假定基础上的，因此，环境变化越剧烈、越偏离常态，经验式的管理越易于失效，甚至会导致组织落入陷阱。

资源的相对稀缺性

不论组织规模多大，也不论组织自身拥有多少资源，它们往往都会面临资源的相对稀缺性问题。换言之，管理者总会发现，与自身的战略目标相比，资源总是相对不足的。我们在讨论组织的战略时，经常将取舍作为战略的一个基本性质。由于战略取舍会直接影响组织的资源配置，进而影响组织未来的发展方向，管理者需要非常审慎地进行相关决策。与此同时，在战略取舍之后，资源的具体运用如何能够获得足够高的效率和有效性，是高度依赖于管理者的能力的。经验式的规则往往在资源配置和运用效率上难以在系统性与细节性上同时达到较高的水准，并且当系统状态取决于大量彼此之间存在的复杂作用关系的因素时，经验式的决策往往是很难给出具有足够置信度的答案的。例如，在一些选址决策、库存管理和生产计划的优化上，专业化的决策模型和方法会更有优势。尤其是在大数据日益具备可行性的今天，经验式管理在效率上会更容易显现出不足。

管理活动的复杂性

在不同的情境下，管理活动的复杂性存在很大的差异。通常，管理活动的复杂性可能源自如下因素：一是组织规模的上升与组织层级的增加。例如当组织的人数从 100 人以下上升到 1000 人，甚至达到 10 万人以上时，管理者需要面对的复杂性是完全不同的。二是业务、产品和技术的多元化。即使在组织规模上大致相当，企业在业务、产品和技术上的多元化程度上升，也会导致管理复杂性大不相同。三是不同部门、团队之间存在的目标冲突以及不同的工作活动之间的冲突。环境的不确定性和资源的相对稀缺性会大大加剧这些活动冲突，而管理者为了保证组织目标的顺利实现需要高效率地管理这些活动冲突。四是委托代理问题及相关利益冲突。在组织内部，管理者与被管理者之间也会存在经典的委托代理问题，管理者需要激励被管理者有效工作并对一些潜在管理问题进行控制。然而，由于组织内不同工作活动存在着绩效的不完全可见性及延时展现性（也就是很难实时性地测度绩效结果），因而，组织越复杂，这些管理问题的解决就越需要更为系统性的解决方案。经验性管理由于经验本身存在的碎片化特点，难以很好地处理这类与管理复杂性交织在一起的委托代理问题。

我们可以预见，当一个企业在其管理复杂性大到一定程度之前（通常这时组织规模相对较小、业务相对简单），经验式管理通常不会有太大的问题，甚至还可能因为决策速度快及柔性高而在一定程度上展现出优势。然而，随着一家公司的业务成长和规模扩张，管理者所面对的管理复杂性将会大大上升，这将导致经验式管理失效，经验式管理所存在的一些弱点也将会逐渐显现出来。在此情形下，数字化转型将会越来越有发挥价值的机会。

更具体而言，若企业的业务规模越来越大、人员规模也越来越大，业务部门的数量和管理层级日益增多，涉及跨地域的业务运营，以及企业内部与外部存在大量重复发生且需要协调的活动，也就是在我们称之为管理复杂性较高的情境下，利用数字技术可以大大降低运营成本与交易成本，更有利于提升企业在此情境下的效率，企业从数字化转型中获得收益的可能性也大大增加。事实上，即使这些业务或任务活动不具备较高程度的复杂性，当企业内部特定业务活动或组织活动高频重复发生时，数字化仍然可以帮助企业极大地提升效率。虽然单次活动所带来的时间及成本的节省看上去似乎有些微不足道，但是当这些活动高频重复地发生在组织内部或组织间的时候，就会产生令人惊讶的"聚沙成塔"效应。例如在一些拥有多家工厂的企业里，这些工厂每天会重复发生大量类似的不创造价值的活动，如果能够把这些活动识别出来并且运用系统性的方法和工具来消除这些价值上的浪费，其累计效果和回报会变得相当具有吸引力。又譬如一家在全球拥有数以千计连锁门店的餐饮企业或咖啡店，每一家门店都会雇用一定数量的员工，如果这些员工在服务顾客时每次能够节省10秒钟，那么累计所能节约的工作时间也将会达到一个无法被忽视的程度，而这最终将必然体现在更高的业务经营效率或更低的业务经营成本上。

此外，环境的不确定性也会产生关键性的影响。具体而言，当产业变化节奏很快或出现加速的趋势、市场需求具有较高程度的易变性、竞争需要更为快速的响应并且这种响应需要跨组织边界的协同时，数字化转型能够为企业创造的价值就会更大。正如之前在第3章中讨论的，数字化企业具有智能、敏捷、精益这三个基本的特征，这些特征更适合具有高度动荡性的环境。

还有一些因素也会影响数字化转型的价值，例如业务属性和工作属性。在工作属性方面，涉及工作任务是否具有较高程度的模块化可分解性，以及工作任务是否对隐性知识（尤其是know-how）具有较高程度的依赖。当工作任务具有较高的可分解性及更低程度的对隐性知识的依赖时，数字技术可以更高效率地赋能员工，并在组织层面有更大的可能实现效率与灵活性的平衡。在业务属性方面，如果业务具有典型的规模效应和网络效应特征，将更有利于数字化转型产生好的投资回报。规模效应意味着规模扩大所带来的成本降低将可以很好地分摊数字化转型所需要的前期投入；而网络效应则与数字技术的内在秉性直接相关，因为大多数数字技术都被证实具有明显的网络效应（例如，通过数字技术链接的用户数量越大，用户从产品和服务上所获得的价值越大，进而会引发产品及服务提供商在业务增长上的正反馈）。

归纳而言，当上述情境出现时，企业能够从数字化转型中获得收益的可能性会大为增加，从而使得它们有更强的动机去实施数字化转型。更进一步看，什么时间点是处于这些情境下的企业进行数字化转型的最佳时机呢？其实答案很简单。那就是企业所处的情境越符合上面所讨论的特征，它就越需要在这些特征出现的时候，尽早、尽快地开启它的数字化转型。因为越早开启，就越能够通过数字化与你的同行企业或者是竞争者建立起不对称的优势，也更有利于从数字化转型上获得更高的投资回报。而如果你发现自己的企业已经错过了这个最早的时机，那么什么时间点是合适的呢？答案依然很简单：那就是现在。正如人们经常讲的一句隐喻：种一棵树，最好的时间点是十年前，其次是现在。

学会如何"学习"

数字化转型本身就是一个学习的过程。在开启数字化转型之前，企业常常会去学习一些最佳实践标杆，试图从他们身上学习如何成功地进行数字化转型。在开启企业自身的数字化转型之后，企业需要基于持续改进的思维方式不断地提升自己驾驭数字化组织的能力，不断改进组织的流程与数字化系统，让企业进一步向数字化企业方向发展。

一些企业家和高层管理者去向标杆企业学习的时候，常常会要求那些进行经验分享的嘉宾更多地分享那些具体的实践经验。典型的对白就是：我们想要多听一点"干货"，给我们多讲一点怎么做的，至于那些理论性的东西，例如原则啊、框架啊，这类可以少讲一点。这反映了学习者们迫切希望掌握数字化转型的心理，但也暴露了许多学习者在思维上存在的一个认知误区。

为了说明这一点，我们可以从一个例子说起。譬如，我们想要学习如何打扮自己，于是我们就去看看那些俊男美女们是如何打扮自己的。然后，我们看到张三戴的帽子很好看，李四的衬衫很漂亮，王五的外套看着也不错，刘六穿的那条裤子也挺好的，于是我们就依葫芦画瓢式地全部效仿，集成为自己身上的穿着打扮。很显然，这样的"兼收并蓄"并不总是能够产生我们所期望的结果，反而有可能变成"东施效颦"。类似的成语故事还有"邯郸学步"，一味地盲从和模仿，最后很可能不但没有学到别人的长处，反而连自己的长处也失去了。

我们需要仔细思考的是：在数字化转型最佳实践的学习过程中，我们真正需要学习的东西究竟是什么？换一种表述方式就是：在模仿的过程中，我们真正能够模仿的是什么？是具体的实践做法还是这些实践做法背后的方法论（管理原则）？在回答这个问题之前，我们需要着重指出的是，大多数数字化转型的具体实践做法具有强烈的企业特定性（firm specificity）。这是因为数字化转型方案高度依赖于所涉及的组织的战略、组织能力与业务环境。正如在第 4 章中我们所讨论的，数字化转型是手段而非目的，它需要战略来给予其灵魂。不同的企业由于在战略上天然存在的差异性，必然会对它的数字化转型方案设计带来影响。与此同时，企业的业务属性及所处的业务环境也会存在差异，这种差异会使得同样的具体实践做法产生出不同的结果。此外，一个不容忽视的事实是，数字化系统的背后会隐含对于使用者的能力要求（包括在业务、管理和信息技术方面），如果学习者自身的能力不足，则会有很大的可能难以有效地实施和运用源自其他最佳实践标杆的具体做法。

更为重要的是，数字化转型具有显著的系统性特征（systematic characteristic）。这就意味着数字化转型规划（或者方案）所涉及的各个构成部分之间存在密切的内在关联性，它们彼此之间需要符合一定的逻辑自洽性。那种基于简单拼凑的最佳实践学习，难以真正保证这种由系统性特征所带来的逻辑自洽性要求。这也是为什么在数字化转型实践中，有一些企业虽然很努力地学习了很多最佳实践标杆，但在具体的推进过程中却经常暴露出一些问题，甚至导致数字化转型在实施过程中陷入难以为继、中途失败的窘境，或者是虽然完成了实施却远未达到预期目的。所以，在学习最佳实践过程中，我们需要遵循的一条基本原则就是那句我们其实耳熟能详的话：要想知其然，就需要不满足于此，要做到知其所以然。

不过，需要再次指出的是，我们并不是认为向标杆企业学习最佳实践的具体做法是没有价值的。恰恰相反，我们认为学习这些具体实践做法对于企业实施自身的数字化转型是大有裨益的。只是在学习这些实践做法的时候，我们需要提出一系列问题，既是为最佳实践的分享者，也是为最佳实践的学习者：这些被分享的最佳实践做法当时是在什么样的背景下形成的？在形成过程中有没有遇到过一些挑战以及是如何调整的？这些实践做法的背后有什么样的原则？为什么需要这样的一些原则？这些实践做法在实施上遵循什么样的步骤？这背后是因为什么？需要什么样的能力来支撑？等等。事实上，具体的实践做法最大的优势是已经被验证了它的可行性，并且由于具象化而很容易被我们理解。不过我们不能仅仅停留在这个层面，而是需要理解这些实践做法背后的逻辑和方法论，以及这些逻辑和方法论的产生背景与过程。只有这样，我们才能实现从"知其然"到"知其所以然"，由此可以根据企业自身的情境来选择和生成适合自己的具体实践做法，并最终形成自己的情境化的数字化转型方法论。

此外，我们在这里还需要指出的是，虽然大企业和小企业对数字化系统通常都会有明显的定制化乃至个性化需求，但这类需求产生的原因是有差异的。对于大企业而言，由于它们的业务规模大、类别多、业务复杂性程度高，因此所需要的数字化解决方案相应地就带有许多个性化特点，需要通过定制化开发才能更好地匹配它们的管理与业务需求；相比之下，小规模企业虽然业务复杂性程度并不一定很高，但它们的业务和管理通常高度依赖于个人经验，缺少成熟的流程来进行支撑，业务、流程也缺乏标准化，使得数字化系统的模块化与标准化很难实现。

成功的关键要素

企业在数字化转型过程中将会遇到一系列的挑战，并且在很大程度上，这些潜在的挑战具有共性，会出现在许多不同规模、不同行业的企业所进行的数字化转型实践中。如图 11-1 所示，华为发布的《行业数字化转型方法论白皮书（2019）》提到，缺少整体战略及路线图、高层没有对数字化转型达成共识、业务价值体现不足、数字化转型职责和权力不清晰、缺少资金支持、技术能力不足，是企业在数字化转型中遇到的主要困难。

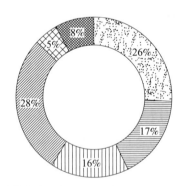

缺少整体战略及路线图   高层没有对数字化转型达成共识
业务价值体现不足   数字化转型职责和权力不清晰
缺少资金支持   技术能力不足

图11-1　企业在数字化转型过程中遇到的主要困难

红杉中国发布的《2023企业数字化年度指南》也给出了类似的结果。通过调研235家企业数字化负责人，红杉中国给出了企业在数字化转型过程中面临的典型挑战（见图11-2）：缺乏明确的目标和战略、缺乏管理能力、落后的系统和基础平台、抗拒变革、人才缺口。

图11-2　企业数字化转型中面临的典型挑战

笔者团队于2020年对131家企业就其在数字化转型中遇到的最大难题（挑战）进行了调查 ⊖，我们邀请企业数字化负责人在列出的14项挑战中选择出他们认为最合适的3项（个别问卷填写的项数少于或多于3项）。这里列出的14项企业数字化转型难题来自我们对相关研究的整理以及我们对企业案例的调查。数据调查的结果如表11-1所示。这些挑战的存在意味着我们如果想要从数字化转型中获得投资的回报、实现预期的目标、取得成功，就需要很好地驾驭这些困难和挑战。

表11-1　14项企业数字化转型难题调研结果

选项	选择次数	百分比
缺乏专业化的人员来实施数字化转型	56	42.75%
数字化转型需要较大的成本投入	51	38.93%
对数字化转型是否能够达到预期结果存有疑虑	44	33.59%

⊖　调查问卷网址：https://www.wenjuan.com/s/beQnua/。

（续）

选项	选择次数	百分比
缺乏数据来体现数字化转型成果	33	25.19%
缺乏清晰的数字化转型框架和方法论作为指导	31	23.66%
企业内部对于数字化转型带来的变革有抵触情绪	28	21.37%
公司高管团队对于数字化转型没有统一的认识	28	21.37%
企业现有的信息系统打通和整合的难度太大	26	19.85%
缺少专门的部门或团队来负责数字化转型规划和实施	22	16.79%
数字化转型与业务衔接不足导致价值难以体现	21	16.03%
对碎片化存在的数据进行整合和运用	19	14.50%
员工缺乏数字化转型后所需要的新的技能	16	12.21%
缺乏明确的数字化转型战略目标	15	11.45%
担心数字化转型会冲击业务的稳定性	6	4.58%

数字化转型在本书中被理解为这样的一种过程，它是由战略牵引的、以客户为中心、以增长为目标的，向以智能、敏捷、精益为基本特征的数字化组织形态转变的，具有全局性的组织变革过程。由此，成功的数字化转型（或者说最大限度地从数字化转型的投入中获得回报）需要如下一些关键的基础要素。

成功的数字化转型需要系统化的方法论和实施框架来作为指引

这一方面是因为，数字化转型需要将数字技术、业务运营和组织管理三者完美地融合在一起，这就意味着数字化转型会在实施上涉及企业的方方面面、涉及所有的部门和层级，需要各个部门、各个层级同步地参与、并行地行动，这并不意味着企业可以让这些涉及的部门和人员按照各自的目标和方式"各行其是"，他们之间如果不能形成一个逻辑自洽的整体，是无法保证最后产出期望的良好结果的。所以我们常常会说"一张蓝图绘到底"。另一方面是因为，从可行性角度出发，不论数字化转型规划的实施，还是数字化系统的建设，我们都会采取分步骤实施的渐进策略，毕竟数字化转型不是一朝一夕就能完成的。要想保证在不同阶段、不同时间点上的实施能够很好地衔接、能够完美地融合成一个整体，离不开一套系统化的方法论和实施框架。

清晰的业务战略和增长目标是数字化转型成功的前提条件

数字化转型的核心活动是借助数字化系统来消除业务运营与组织发展瓶颈、提升运营效率和敏捷性、更好地挖掘和满足客户需求、更高效率地为员工赋能。因此，数字化规划是以战略和增长为导引的，如同在大海中的航船，需要灯塔来指引前进的航程，否则将会迷失在无边无际的海洋里。事实上，有不少企业之所以在数字化转型的推进过程中出现"拉锯战"，就是因为它们缺乏清晰的战略，或者是在数字化转型过程中不断地更改战略方向，导致实施团队和员工们没有方向感，经常反反复复地做无用功，最后也就慢慢地失去了对数字化转型的热情和动力。因此，在一个企业未能形成清晰的业务战略并在内部达成共识之前，不宜盲目地启动数字化转型。

数字化转型是以企业基础管理能力为依托的

不同企业的数字化系统所呈现的差别不仅仅是它们在数字化上的技术部署的差异，还体现了它们在企业自身能力基础上的差异。对于数字化转型而言，精细化管理能力、流程的体系化能力、数据的解读能力构成了最为关键的三个基础能力。正如我们在之前的章节里所讨论的，流程是数字化企业的基石，没有体系化的流程作为基础，数字技术的赋能效果是很难真正发挥出来的。尽管数字化系统会沉淀大量的数据，但是这些数据并不必然成为企业的有效资产，只有当企业具有较强的数据解读能力的时候，才能将数据对于决策的意义挖掘出来，并且这种数据解读能力也将影响到数字化系统的技术部署，精细化管理能力使企业在数字化转型时的难度大大降低，并且有助于企业尽早从数字化投资中获得回报。正如一句老话所说的："练拳不练功，到老一场空。"构建数字化系统就像练拳，招式固然很重要，但是如果不"练功"（打下扎实的能力基础），数字化转型很难真正发挥出其应有的价值。

数字化系统的构建需要技术上的支撑与保障

虽然本书从数字化管理架构师的视角来剖析数字化转型，但毋庸置疑，数字化转型的成功离不开技术上的支撑与保障。就此而言，尽管数字化管理架构师并不必须在信息技术上具有非常专业的背景及能力，但仍然需要能够从业务与组织的视角理解数字技术的一些基本属性。尤其是，如何利用可拓展的数字化智能底座来打通"信息系统孤岛"和"数据孤岛"，如何构建具有可拓展性的数字化技术架构来预留和兼容未来的数字化系统扩展，是数字化管理架构师需要去尝试理解的重要内容。

数字化转型需要有大规模组织变革的驾驭能力

数字化转型是一场具有全局性与渗透性的大规模组织变革。在这场变革中，"企业需要基于习惯、感觉、主观看法或经验来做出决策，转向基于数据进行决策。这可以被我们称为建立一种数据文化。在数字化世界里，重要的不仅仅是变成数据驱动，也包含了组织去理解它们所拥有的数据里蕴含了什么"。[⊖]与此同时，数字化转型将意味着企业的战略、组织、

⊖　微软公司，《数字化转型：通往成功的七个步骤》。

文化、领导力与管理模式都会发生前所未有的变化，这种变化甚至会是一个在时间上较为漫长的过程，人们去适应这样一种变革会在思想、能力与动机方面遇到无可避免的挑战。企业要想获得数字化转型的成功，就需要驾驭这样一种机会和挑战并存的组织变革，而这需要高层管理者的全力支持、同频共振的变革管理团队、拥抱变革的组织文化、精心设计的组织变革计划来作为必要的支撑。

由此，我们可以探讨一些企业在数字化转型中非常担心的问题：数字化转型的成本是否一定是非常昂贵的？我们是否有方法来提升数字化转型的投资回报率？事实上，这两个问题的答案具有很大的相通性。在2019年1月由世界经济论坛（World Economic Forum）与麦肯锡公司合作发布的白皮书《第四次工业革命：制造业技术创新之光》中，对比了第一次工业革命到第四次工业革命对资本设备更换的要求，这个比例自第一次工业革命（水力/蒸汽）、第二次工业革命（电力）、第三次工业革命（自动化）到第四次工业革命（信息-物理系统）分别为100%、10%～20%、80%～90%和40%～50%。进而，报告指出，"人们常有这样的误解，认为传统陈旧的设备会成为第四次工业革命的障碍"，而事实上，基于对全球灯塔工厂的研究与数据分析，大多数灯塔工厂都是在原有的生产设施基础上进行升级改造来实现数字化转型的，通过最大限度地利用现有的投资与渐进式地升级改造，可以很好地提高数字化转型的投资收益水平。也就是说，数字化转型并不必然意味着对已有企业投资的"推倒式重建"，也并不意味着总是需要非常高昂的数字化系统投入。

更为关键的还有如下两个方面的因素。由于数字化转型存在阶段性，如果不同阶段中进行的数字化转型缺乏兼容性与可拓展性，在实施目标上也缺乏一致性，会带来大量的过程中的投资浪费。因此，如何降低这种浪费就成为一个非常重要的问题。通过在数字化转型中坚持顶层设计、分步实施、问题导向，企业可以在不断的业务增长中完成对数字化系统的扩展部署，从而让数字化转型上的投入产生持续性的回报。另外，数字化转型的背后是对数字化能力进行投资，如果企业所获得的数字化能力不能带来组织效率的提升和业务的增长，这种能力上的投资就会变成纯粹的消耗，从而无法获得令人满意的投资回报率。

开启这场需要智慧与勇气的旅程

在可见的未来，企业的数字化，或者说数字化企业的出现，将成为一个巨大的浪潮，甚至会在很大程度上改变我们的商业形态和商业生态。在这样的大背景下，管理者会面临哪些挑战？我们所关注的这些挑战是由数字化引发的，甚至在很大程度上是数字化时代之前的管理者未曾遇到过的。而这些挑战将会伴随着我们这个时代的管理者，一直延续到未来。

管理幅度的变化

管理幅度指的是管理者能够有效领导的下属人数。我们知道，随着时代的发展，企业在组织规模上相对以往时代被大大扩张了。考虑到组织层级的设计取决于管理者的管理幅度和组织规模，对于给定的组织规模，随着管理幅度的上升，管理层级将会减少。由于环境的不确定性在过去半个世纪里普遍被认为在不断上升，因此扁平化组织成为组织演化的一个明显趋势，而组织的扁平化实际上就是管理层级的减少。

在传统的时代，管理幅度在很大程度上取决于管理者自身的能力与注意力。对于有经验的管理者，他们的管理幅度会高于那些缺乏经验的管理者。然而，不论管理者如何提升自己的管理经验和技巧，由于受到精力和注意力的限制，他们能够直接管理的下属数量达到一定限度后就很难再提升了。

就此而言，数字化所带来的变化是质的变化而不仅仅是量的变化。在数字化组织当中，由于数字技术的支撑，组织资源、业务流程、工作任务、环境变化的状态信息具有了非常高的可见性，管理者甚至可以实时地掌握组织状态及其变动，也可以较为高效率地掌握组织内个体的行为、状态及活动结果，从而大大减少管理者的注意力消耗。这就意味着在数字技术的支撑下，管理者有能力同时管理更多的下属。事实上，这也是自20世纪90年代之后组织扁平化成为大企业的潮流性趋势背后的重要使能因素。

数字领导力将成为管理者的第六项修炼

彼得·圣吉在1990年出版的《第五项修炼：学习型组织的艺术与实践》中提出了管理者的五项修炼——自我超越、心智模式、共同愿景、团体学习和系统思考。随着数字化企业的出现，数字领导力（digital leadership）正在逐渐成为管理者的第六项修炼。

首先，数字技术赋予了我们更大的连接能力——万物互联、个体互联、生态互联，这意味着管理者需要建立起更具有开放性和敏捷性的思维方式，在他们的战略设计和战略实施中寻求高效率、创造性的资源连接方式，并通过推动组织内部更为有效的个体连接来推动战略目标的实现。

其次，正如注意力理论（attention-based view，ABV）所指出的，管理者的注意力是有限的，因此在面对不确定性和多目标的管理决策时，他们需要将自己的注意力配置在有限的因素或目标上。在数字化企业当中，一些传统意义上需要大量消耗管理者注意力的业务或管理决策将被数据驱动的算法和规则处理，因而管理者可以将注意力放在其他重要的方面。我们可以预见的一个趋势是，管理者会将更多的注意力放在与人有关的因素之上，这也更契合管理和领导力的本质。因为组织的设计就是建立在对人性洞察的基础上的，而领导力的核心是释放个体的创造力、主动性和潜力以及推动组织发展以实现高绩效。这些都需要关注"人"本身。

在此过程中，数字化也赋予了组织更大的可能性来实现个体、团队的自我激励。由于管理者通过数字技术赋能可以更为准确地理解和掌握组织状态的变化，他们将更愿意赋予个体和团队更多的自由，参与式管理也就更可能成为组织内部的常态。作为一个必然的结果，组织的管理方式与业务的决策模式将会越来越强调"自上而下"（top-down）与"自下而上"（bottom-up）的混合。

对变革驾驭能力有了更高的要求

数字化企业是逐渐进化出来的，它并不是从天上掉下来的，也不会是一个一蹴而就的过程。这就意味着，企业从传统时代的组织转变成数字化组织是一个充满挑战的过程。这些挑战使得管理者既需要在思维和观念上进行转变，也需要为数字化企业的出现做好能力上的准备。但更重要的是，管理者需要培养驾驭变革过程的能力。

在现实当中，不少企业已经开始踏入了数字化转型的旅程。尽管现有的成功实践已经在一定程度上表明了数字化转型在推动企业效率和绩效提升以及业务增长上的巨大潜力，呈现了相当诱人的商业前景，但是需要指出的是，并非所有的数字化转型都会带来好的结果。事实上，目前还是有不少数字化转型未能带来企业预期的结果，甚至给企业带来了负面的影响。

这些数字化转型的问题有一些与数字化转型的设计缺陷有关，不过很多失败实际上是因为企业未能很好地驾驭数字化转型所带来的组织变革。

即使是那些设计得非常完美的数字化转型方案和实施规划，在真正的实施过程中由于缺乏系统的方法论来指引，管理者也缺乏变革管理的能力和技巧，也可能导致数字化转型的失败。

不要低估数字化转型给管理者带来的挑战。数字化转型并不仅仅意味着将数字技术和系统引入企业内部，它还需要企业在战略、组织结构、业务流程、组织文化等诸多方面重新审视自身。而管理者需要做的不仅仅是去拥抱数字化所引发的变化，还需要帮助组织及组织中的个体从思维和能力上去适应与完成这样的转变。

这无疑意味着，数字化转型背后的变革需要智慧和勇气的完美结合，以勇气去改变那些被认为是无法改变的、去完成那些必须做出的"痛苦的"改变，以智慧去推动那些不愿意改变的、去坚持那些必须坚持的。尽管数字化转型有着光明的前景，但并不意味着其过程没有崎岖。在数字化转型过程中，如果要在"做容易的事情"与"做正确的事情"之间进行选择，总是选择"做正确的事情"就是最大的智慧。

欢迎踏入数字化转型这场关于勇气与智慧的旅程!

期待你们的成功!